U0903926

新媒体丛书

我为信狂

短信传播的人文思考

王静　崔莲花　著

DUANXIN CHUANBO DE RENWEN SIKAO

GUANGXI NORMAL UNIVERSITY PRESS
广西师范大学出版社
·桂林·

图书在版编目（CIP）数据

我为信狂：短信传播的人文思考 / 王静，崔莲花著．桂林：广西师范大学出版社，2007.4
（新媒体丛书 / 蒋原伦主编）
ISBN 978-7-5633-6313-1

Ⅰ．我… Ⅱ．①王… ②崔… Ⅲ．移动通信—邮电业务—文化—研究—中国 Ⅳ．F632

中国版本图书馆 CIP 数据核字（2007）第 001760 号

广西师范大学出版社出版发行
（广西桂林市中华路 22 号　邮政编码：541001
网址：http://www.bbtpress.com）
出版人：肖启明
全国新华书店经销
广西师范大学印刷厂印刷
（广西桂林市临桂县金山路 168 号　邮政编码：541100）
开本：889 mm × 1 194 mm　1/32
印张：5.875　　字数：100 千字
2007 年 4 月第 1 版　　2007 年 4 月第 1 次印刷
印数：0 001～4 000 册　　定价：12.00 元

目录

前言

从笔记本电脑、数码摄像机、数码照相机到手机，数字媒介极大地拓展了人的个体自由，似乎使人的大脑、眼睛、耳朵可触及世界的每个角落。麦克卢汉曾经说过：媒介是人的延伸。数码时代的到来，则从方方面面都印证了这句话的真理性。且不论这种延伸究竟对人的本能是促进亦或削弱，数字化媒介正不容置疑地改变着个人的思想和生存状态，带给人们前所未有的自由。

在一系列的数码产品中，手机可以说是集三千宠爱于一身。几乎所有的高新技术都被填鸭式地塞进手机这一小小的躯体中。这或许缘于手机神话般的销售量。正所谓“物美价廉，薄利多销”。从客观的角度来讲，相对于笔记本电脑、数码摄像机、数码照相机，手机的价位更为平民化，这是手机的发展势头远远迅猛于前几者最根本的原因。

同时，应该说，手机的发展是与其最主要的功能之一——短信分不开的。从某种程度上来看，没有短信文化，手机销售的神话现象也就难以出现。正是由于低廉而自由的短信将平民与时尚联系在一起，这才使囊中羞涩的广大平民对手机趋之若鹜。

2003年末，由冯小刚导演的，根据刘震云同名小说改编的贺岁电影《手机》的上映在中国大陆引起了不小的反响。国人开始反思手机和手机短信究竟对百姓的日常生活产生了怎样的冲击和影响。据悉,2003年春节七天假期内全国的短信发送量破70亿条。据信息产业部统计,2004年全国短信发送量达到2177亿条,2005年3046亿条,2006年4300亿条。如果说,2001年短信的一夜成名多少让人感到意外的话,之后短信发送量的飙升无疑标志着一个全新的人际交互模式及生活方式的到来。除去低价位和技术友好性等客观因素外,短信究竟拥有怎样的内在魅力,能在一两年内达到如此迅速的发展呢?

笔者认为,与手机的语音交流功能所不同的是,短信是一种文本交互模式。在这种模式中,个体拥有的不仅仅是传播的自由、交流的自由,更多的是隐藏在背后的话语权力的拥有、文本创作的自由及其所带来的人性欲求的释放和个体对交际网络自主权的拥有,正是这些平民而人性化的自由的诱惑推动了短信的飞速发展,同时也在某种程度上体现并改变了城市平民的思想和生存方式。当然,自由总是相对的,自由的背后仍然是时尚符号的操纵和电信财团对利益孜孜不倦的追求。

希望通过本文对短信发展背后深层动因的研究,能使我们对短信的迅猛发展有更深入的理解和体味,同时希望通过短信这一多棱镜,折射出高科技时代中国平民个体独特的思想和存在方式。

第一章

当人类爱上短信

手机、短信刚开始都是些名副其实的舶来品、洋玩意。将“mobile-phone/cellphone”逐渐演绎到“移动电话”、“大哥大”、“手机”，中国人在实践中一步步地阐释着自己对这个新鲜事物的理解。特别是“手机”一词的出现，简直绝妙地显现了中国人吐故纳新的造词能力。

手机，即玩转于手掌中的机器。

手机，顾名思义，即玩转于手掌中的机器。恐怕很难找到比“手机”这个词更能恰当地形容和标识这个新鲜玩意的词了。短信的开发，更是画龙点睛般地印证着“手机”这个词的精辟。君不见，而今神州大地的大街小巷，到处都是埋头与手中的机子做斗争的人们。他们大多不是在打电话，而是在发送或接收短信息。手机的功用，已不是简单的“移动电话”可以概括。或许连“手机”一词的翻译者、创造者都没有预料到，“手机”的涵盖量居然如此之大，打电话与发短信的双重信息交流功能，甚至拍照、录像、播放MP3等多重功能完全可以被手机所包容。

作为手机不可或缺的功能——短信的出现强劲地推动了手机的普及。事实上，短信对于手机的意义是这样的重要，以至没有短信功能的手机几乎可以被视为残废。

第一节 “今天你短信了吗？”

“润物细无声”，短信的普及或许可以这样来形容。几乎是在毫无知觉之中，用拇指按键发出手机短信，或在一阵铃声后接看短信已成为现代人生活中的常态，特别是当像元旦、春节、情人节这样的节日来临时，短信的收发频率更是颇有万箭齐发的阵势。有统计数字表明，全国短信发送量2001年为10亿条，到2006年则发展到4300亿条。可以说，短信发送量的飙升标志着中国人开始了另一种崭新的“短信”生活，他们的思想和生存状态也发生了极大改变。

从1997年开始，天津就率先在全国开始第一个手机中文短信息服务。此前，大多数数字手机都具有英文短消息功能，只是不为人所知。但是，中国人真正开始注意到短信业务却是在2000年，特别是在2000年11月中国“移动梦网计划”推出以后。2002年之后的手机短信就可以用“风暴”来形容了，短信成为一种时尚逐渐进入中国男女老少生活之中。当短信如此势不可挡地席卷而来的时候，或许注定了当代人必将永远生活在无休无止的“嘀嘀”声中。当人类爱上短信，便一发不可收拾，世界通讯为之大为改观。

事实上，没有人说得清楚，究竟是从何时起，短信开始弥漫到城市的每个角落。在2000年底，搜狐等网站只是把短信作为一项业务发展，在网络上推出一些写好的生活用语，供手机族在日常生活中使用。如：“对不起，路上堵车，晚到一些”等。但是，没有想到的是，一个快捷而简单的短信平台就此建立起来。这个平台上活跃着一批短信专业写手，也反映出与人们以往日常生活完全不同的交流方式。在被短信逗笑的时候，在破除了时间与空间的局限，相互沟通的时候，人们没有意识到，短信这种通讯文化已完全跃出它的技术功能层面，成为人际交往、社会交流的方式，成为一种无法忽视的生活文化现象。

拇指这一个经常被遗忘或忽视的肢体在今天却显得无比重要。随着短信发送量的飙升，拇指的作用也日益被人们所看重。实践证明，只有两个关节的拇指最适合小巧的手机键盘，从而也成为人类收发短信最得力的工具。因此，收发短信被称作“拇指运动”，短信的迅猛发展被称为“拇指风暴”，有的人甚至以达尔文的进化论为据，从手的解放促进大脑的开发和人类的进化的角度着手，探讨拇指对短信及短信思维的影响，拇指的地位上升到历史最高点。不管是短信拉了拇指一把还是拇指造就了短信的神话，反正由于短信，拇指与手机结下了不解之缘，这种由拇指和手机纠结的游戏也继世界杯足球赛之后成为全世界人民为之狂热的一场“嘉年华”。

“我的地盘无限扩张”，周杰伦的动感地带橙色风暴广告是那样的飞扬跋扈。然而，有强大的“拇指风暴”作为后盾，动感风暴的嚣张确实也并不过分。从2000年开始流行至今，短信其实也不能算什么新鲜事物了。尽管短信已逐渐普及男女老少工农商学兵，然而，喜欢玩短信的依然是年轻一代，正如动感地带广告所极力标榜的那样，短信依然代表着潮流与年轻、活力与个性。短信这种独特的指涉缘何而来的呢？兴许是由于以文本为基础的短信交流与网络聊天有着太多的相似之处。于是自然而然地，“时尚”这一能指便被附加到短信身上。因此有人说，短信是一种“年轻态文化”。我想，这不仅仅是因为短信的用户大多为年轻人，更因为短信标志的是创新和速度，是现代的时间概念、生存方式。

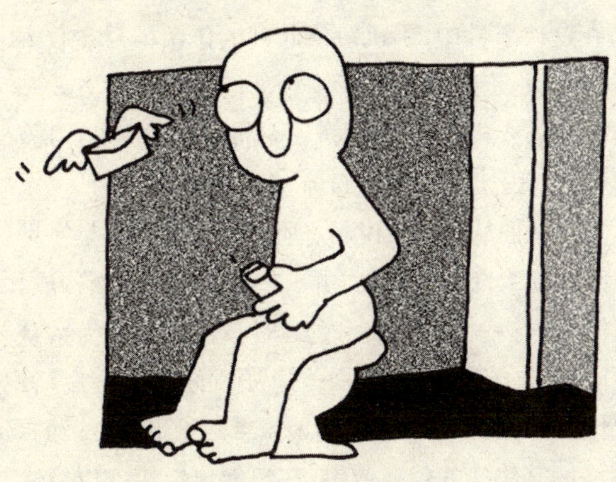

随时随地传信息。

"随时随地传信息"是短信最独特的特点。短信的发送时间、地点、内容可以不受任何物质上的限制。在这一点上,没有任何其他通讯方式可以与之相比。价位的平民化和技术的友好性,加上短信传播和接受信息的自由快捷,内容的缤纷多彩,短信迅速地打动了中国百姓的心,让他们心甘情愿地大掏腰包。有些激进人士甚至认为,短信已经成为"第五媒体"进入人们的日常生活。

1992年,在英国Vodafone的GSM网络上,技术人员通过个人电脑向移动电话成功发送了世界上第一条短信息。以此为标志,短信诞生已经10年了。而手机短信开始被称为"第五媒体"则源于2003年初的美国"哥伦比亚号"航天飞机失事事件。该事件发生后,新浪及各大门户网站在10分钟之内便将这一消息发送到用户手机上。据统计,通过航天飞机失事事件,新浪新闻短信的新增订户有近10万,按每月30元的包月费用计算,仅这一条新闻就给新浪送来了近300万元的收益。新浪认为,在这次事件中,手机短信起到的作用不只在收入上,其更深层意义在于"又发掘了一种新的新闻传播方式"。而"新的新闻传播方式"的言外之意便是将短信列为与广播、报纸、电视、网络相比肩的"第五媒体"。

那么,且让我们从"媒体"说起。所谓"媒体",指的是一种大众传播媒介。而大众传播则是"由一些机构和技术所构成,专业化群体借助这些机构和技术,通过技术手段向为数众多、各种不同而又分布广泛的受众传播符号的内容"。广播、报纸、电视作为传统的大众传媒,其地位自然是不容置疑的。近年来,网络以其快捷的传播效率、广泛的传播幅度也傲然跻身大众传媒之列,成为"第四媒体"。

但是,短信是否能够拥有与"四大媒体"相媲美的传播能力,从而继网络之后成为"第五媒体"?这尚在学者们探讨的课题之列。支持者认为,各式各样的网络短信服务的产生,使短信拥有成为媒体的最基本因素:职业的传播者(短信服务商),分布广泛、为数众多的受众(广大手机持有者),及现代化的传播媒介(高科技移动通讯手段:手机)。因此手机短信是一种大众传播媒介。并且,他们还认为,和传统的"四大媒体"——报纸、广播、电视、网络相比,手机短信的优势在于用户接收信息可以不分时间、地点。再者,由于这种信息是付费的,就像所谓的"个人化报纸"一样,它是纯粹个人化的、有选择的。一句话,手机短信之所以可以被称为"第五媒体",就在于它弥补了传统媒体的不足,使用户在接受信息时拥有了更大的自由。

年轻的短信是否胜任"第五媒体"?

而反对者的理由同样是充分的：首先，由于目前的言语类短信的容量每条仅70个字，这就决定了短信没有太丰富的内容。读者仅能借手机短信了解事件的大概情况，详细内容还得看电视、报纸或者上网。其次，尽管手机用户为数众多，但是，订阅短信息的毕竟是极少数。因此，手机服务商所传播信息的直接接收者并不多，它的受众远远不能与四大媒体的受众相比，手机短信被称为“第五媒体”还为时尚早。

尽管在当前情况下，短信能否担当得起“第五媒体”这样的荣耀的确还值得商榷，但是，短信发送量的与日俱增却是铁一般的事实。从10亿、189亿、900亿、2200亿到4300亿条，这样一组以几何速率上升的数据使我们有理由相信，随着科技的普及和人民生活水平的提高，在不久的将来，短信必然能以足够与“四大媒体”比肩的传播能力当之无愧地戴上“第五媒体”的桂冠。

那么，暂且把对“第五媒体”的讨论搁置起来，小小短信息声势浩大地闯入21世纪，在我们的生活中占据越来越重要的位置，它究竟为我们带来了什么？

新的信息革命

手机让我们在不同的空间下实现了同一时间上的同步信息和互动，这无疑是一场新的信息革命。短信已经成为现代人获取信息重要的、便捷的手段，它打破了地域、时间和电脑终端设备的限制，在拇指按动下，可以随时随地地传递文字、图片、声音等各类信息，真正实现了用户与信息的同步，其传播效率具有传统媒体及互联网不能比拟的优势。

信息.时代

编织新型交际网络

短信是随着网络的高速发展进入人们生活的；当它刚刚出现时，谁也没想到小小的短信会悄悄地改变传统的人际关系。

恋人间的窃窃私语变成了咬文嚼字的短信情书，网络时代的爱情宣言是那样的堂皇而虚无。因为短信承载着太多的秘密，手机变成了随时可能引发家庭爆炸的“手雷”。老年人也加入这场时尚的游戏，玩起“短信家书”。廉价的问候寒暄漫天飞舞，短信问候逐渐变成一种维系人际关系的方式……

短信究竟是拉进了人际距离还是将人与人相隔得更远？在短信时代里，人们注定了生活在心灵的距离和非距离之间。

耍玩另类游戏

在城市上空漂浮着的成千上亿的短信中，有许多短信是被人们所争议甚至是怒斥的：荤段子，也就是所谓的黄色短信弥散在都市人的手机中，引起各类纷争；开不得玩笑的谦谦君子们面对着整蛊短信暴跳如雷；短信情缘纠结着情色被大加批判……

“存在即是合理”也许也有几分道理。其实如果我们将这些游离于道德之外的短信视为机械工业时代的人类跟自己玩的几个另类游戏，那么这些另类短信存在的必然性或许能够得到体会——荤段子是人类亘古不变的意淫延续的产物；整蛊短信是人类游戏的本能和恶的本性的释放；短信情缘更是满足了都市人快餐式情感生活的需要……总之，现代社会里，人们玩的就是心跳！

涂鸦的天堂

短信作为一种新兴的沟通方式，产生了独特的文本风格。由于受到字数限制，因此也有人把它称为70字文。正是所谓的“带着镣铐跳舞”，字数的限制反而成就短信独特的文体特征。大多数短信文字灵活俏丽，语言轻松、活泼、睿智，带有浓郁的休闲味道，然而无论从语言、内容、表达方式上看，短信都带有浓厚的民间文学的意味，是装在手机这一时尚酒瓶中的民俗烈酒，是一种现代“俗”文化。

短信创作是平民化的，任何人都可以在这个狂欢的广场中恣意涂鸦，宣泄自己的喜怒哀乐。文学在这新的载体中涅磐，再次回到人民中间，东方文字的神韵在跨越千年后依旧香醇。

开拓新的经济增长点

“拇指经济”带动了一系列产业的发展，不仅移动通信运营商、短信服务商、手机制造业都赚了个盆满钵满，其他相关产业也沾着短信的光大发其财，如印刷业。

我国短信业务的开展已有9年历史，但短信的火爆是近几年才开始的。2000年，手机短信市场正式开始启动，由此带来巨大经济利润，成为“拇指经济”。中国联通方面表示，部分手机用户的短信服务支出甚至超过了话音服务的支出，短信已经成为移动通信运营商新的业务增长点。

短信的流行促进了手机制造行业的发展。据某手机经销商介绍，如今很多购买手机的消费者，最关心的是输入短信的键盘是否灵活，发送短信的功能是否强大。不仅如此，短信经济还产生了一些新的行业，例如幽默笑话、新闻财经信息、聊天游戏、图片铃声下载等。

短信已成为网站近年来的经济增长点，各网站不惜重金将一批短信写手网罗旗下，以便有源源不断地创作出来的各种新奇诙谐的短信，用以吸引用户。据了解，新浪拥有50多位特约短信撰稿人，每天给网站提供短信作品并得到相应的酬金。在新浪、搜狐、网易等几大门户网站上，就在人们纷纷下载和转发祝福短信的时候，网站为这些短信写手们支付的报酬也在节节攀升。业内人士分析，随着手机短信业务总量的增加，手机运营商和各网站都将不断增加和提高短信业务的品种、质量。作为一种新兴的职业，短信写手的队伍也可能会更加壮大。

不可忽视的新污染

因为手机短信息的随意性，它的出现也带来了不容忽视的负面影响，其中垃圾信息、虚假信息、破坏性的信息等，成为一种新的社会污染。

一些不法分子通过传发虚假信息来达到欺骗的目的，如恭喜用户中了某某奖，让用户致电领取奖金，或者让用户汇款去领取奖品。如此等等，让人防不胜防。恶意连环短信抹杀着朋友之间的信任。最为普遍的是，没有监管的“荤段子”随着电波不分对象漫天飞，黄色短信不仅对社会精神生活造成侵害，对青少年的危害也非常严重，由此引发的社会道德问题也频频出现。

尽管争议是这样的纷纷扬扬，短信仍然在风头浪尖上势头强劲地发展着，短信的地盘仍在无限扩张，喜欢拇指运动的年轻人依旧大声宣告着：“我选择，我喜欢！”当人类爱上短信时，竟是这样的一无反顾，这样的痴迷决绝……

第二节 收发自如 一切尽在掌握

如今的社会是个经济社会,一切都在强调:物质是基础,经济是基础。所以在这个金钱的社会里,什么都要讲究性价比。也就是说,在同样的花销下,怎样才能获取最大的收益。花钱越少办事越多,性价比自然就越高,就越惹人喜欢。手机短信就是这么个性价比极高的东西。手机短信为什么能得到这么飞速的发展?恐怕任何人脑子里的第一个回答就是:“便宜呗!”的确,短信的普及速度是和它低廉的费用分不开的。当然了,还要归功于短信的使用简单方便。短信的收发并不需要太多的技巧,太多的知识背景。简简单单,一学就会。用行业术语来说,就是技术的友好性较大。

老百姓是性价比高的最大收益者。在低廉的价位和简单的技术的支持下,短信给予了老百姓很大的话语自由,包括传播信息的自由和接受信息的自由。这些诱人的自由反过来又促使更多的人去购买和使用手机及手机短信。

一、价位与技术的平民化

手机及手机短信的价格低廉和操作简易是短信广受欢迎、走向平民并且深入人心的最根本原因。

当前，人们在电子城里随便走一遭，就会发现各种数码产品纷至沓来，什么笔记本电脑、数码摄像机、数码照相机、MP3播放器……让人目不暇接。“不是我不明白，这世界变化快！”的想法自然涌上心头。随后大多便是感慨自己的囊中羞涩。而在众多的数码产品中，手机则让一般工薪阶层的人可以抬起头来。环顾四周，笔记本电脑动辄上万，数码摄像机、照相机也要数千。而手机就便宜多了。目前市场上的手机有多种价位，高的不过五六千，而低的仅五六百元。收入一般的平民都可以轻易购买。随着科技的发展和普及，20世纪90年代初期款爷们用于摆阔的“大哥大”时代已经一去不复返。手机已经和洗衣机、电视、冰箱一样，成为日常家电走入平民百姓的生活。人们无论买手机还是用手机都是那样自然那样平常。而短信的价格就更低了。一般来看，一条点对点的文字短信0.1元，一条图片短信0.5元，一条多媒体短信1元到2元不等。

正是这低廉的花费让老百姓对短信爱不释手。交流同样的内容，短信无论是与语音交流还是其他文字交流相比，都有相当大的优势：

和打电话相比，以一分钟为例，同样花三毛钱，短信可以发三条给不同的人，传播的范围可以更广。这还是以固定电话计算的，如果以移动电话计算，那短信就更便宜了。比起写信来，尽管短信的篇幅稍受限制，但传播速度可比邮政投递快多了。传真倒是快得很，但昂贵的传真费用使得这种通讯方式往往只用在办公或传递正式文件上，无法在日常生活中普及。几乎不会有人用传真来发送“吃了吗？你在干吗？”之类的闲言碎语。而电报由于不能直接实现从端到端的通信，早已在电话、传真出现并逐渐普及后就几乎被完全夺去了市场空间。短信实现的是端到端的即时通信,这是电报所无法企及的。说来说去,短信在信息传输上尽管有很多不足之处,但是总体上来看,短信传播的性价比还是比较高的。

因此,无论是购买还是使用,手机及手机短信的价位都是老百姓所能接受的。靠着这种经济上的优势和诱惑,手机短信这种全新的信息交互模式就昂首阔步地走进平民的生活。与此同时,短信操作技术的简易又加快了平民百姓使用短信的频率。

当前中文短信息输入法大多以拼音输入为主,也有五笔输入法。但是,艰涩难学的五笔尽管快速但毕竟不易普及,于是商家们把注意力集中在如何使拼音输入更为简捷智能。当前,手机上的短信智能输入法有T10输入法、T9输入法、双拼输入法等,有时甚至只需要输入词组的首位拼音就可以将所需词组摁出来。有了这么简捷方便的输入方法的支持,人们只要具备一定的文化程度,都可以熟练地操作短信。这种技术的友好性使手机短信得到更大范围的普及,用户使用频率迅速提升,这也是短信能够走向平民的一个客观、基本的原因。

价位的低廉和操作的便捷使人们对短信爱不释手。随着短信的日益普及,平民无论在内容或速度上都拥有了传播和接受信息的更大自由。

二、传播与接受的自由

在短信传播范围的扩大上,短信的群发和转发功能可谓功不可没。所谓的群发,指的是手机用户可以将一条短信同时发送给许多人,或者将短信内容保存下来，不断地发送给不同的人。而转发是指短信用户可以将他人发送给自己的短信转发给另外的人。在短信群发和转发功能的支持下，短信的传播自然是一传十，十传百，从而一“发”不可收拾。这种群发转发的传播方式是一种以人际传播为形式的大众传播，它引起的串联效应所达到的传播范围和效果甚至会超过传统媒体的大众传播。

2003年春天，是中国人民不会忘记的一个春天。当春节期间关于广东的非典型肺炎引发的抢购狂潮尚余波未平的时候，当传媒学术界尚在讨论“谣言应该止于智者或是信息公开”的时候，“非典”这场突如其来的疫病似乎一夜之间弥漫了整个中国大地。中国人民仓皇应战。然而正如传媒学者们所说的，比疾病传播得更快的，当属谣言。手机短信在这里竟然充当了传播谣言的最新媒介。在官方正式全面公布“非典”疫情之前，手机短信在传播小道消息中起着非常前锋的作用。尽管目前人们对手机短信谣言的功过是非尚在议论纷纷，但是，短信在对“非典”防治方法的传播、人们对待“非典”的心态调整上，起了十分重要的作用。因此，中国人对“非典”这场胜利之役的功劳簿上，也理当为短信记上重重的一笔。

自2003年开始，从元旦春节的拜年贺岁到“哥伦比亚号”事件的消息发送以及“非典”这一突发疫情的信息传播，短信对人们的生活的影响可以说是与日俱增。通过手机短信，人们可以在方方面面都拥有更大的传播和接受信息的自由。

（一）传播和接受的方式：分身术和隐身术

目前短信的类别很多，有图像短信、语音短信、符号短信、文字短信等，但从日常生活的使用量来看，用得最多的还是文字短信。文字是短信的根基，也是短信的灵魂。短信正是以独特的文字传播方式，使得使用者在传播和接受信息时，拥有更多的自由，把交流者从语言交流的“实时性”和“现场性”中解脱出来，可以轻易地实现“分身”和“隐身”。而正是由于这种文字功能，短信才能抢夺如此大的市场。

首先，短信使用者收发短信的时间、地点均不受限制。这就使得用户拥有更多的分身空间，在许多情况下都可以畅快地实现一心多用。

基于文本的短信，其最可爱之处在于它不是实时交流的。手机短信是一种以文字传输为基础的交流，因此必然存在着文字交流活动中共有的“延时现象”，相对于语音交流，短信使用者拥有更多的分身空间。短信接受者的时间、空间、具体场景和发送者并不相同，发短信的人很难知道对方正在做什么。所以收到短信的一方可以选择回复或不回复，即刻回复或稍后再回。不回信或晚回信可以有种种理由，最堂皇的当属“没有收到”（现今电信服务的质量令这个理由甚是充分）。其次可以是“没带手机”或“没有开机”，最勉强的是没有看到。甚至可以回一个短信后先做别的事，隔几个小时后再接着回对方的第二个短信。语音交流就不可能出现这种情况了，语音交流是即时性的，接就是接，没接就是没接，手机开机与否是一拨即知的，而不接电话总会让人起疑，挂断更是极不礼貌。并且语音交流一旦形成，双方便处在相同的时间范畴内，容不得一方推延或分心他用。参与语音交流者不可能说完一句话后撂下电话听筒，等洗完衣服做完饭隔几个小时再回答第二句话。

除了这种非实时性交流的特点，短信还具有相当的去现场性，不会暴露使用者当前的情景和心境。使用者当前的喜怒哀乐可能与发送给对方的短信所体现的完全不一致。举个较极端的例子：夜深，妻子发短信询问丈夫的行踪。而正在外面幽会的老公可能一边与情人调情一边同时给妻子回了一个非常温柔体贴，充满柔情蜜意的短信。这样一来，如果妻子相信了这则短信不再追问的话，那就会被蒙骗了。而如果妻子采取打电话这种通讯形式，她至少可以听到对方的语音声调，甚至周围的情境，被花心的丈夫所蒙骗的可能性或许会有所下降。

此外，与网络QQ聊天甚为相似的是，短信的使用者可以同时和几个人一起交流并且不为当事人所知。这是当前的语音交流难以达到的。同时，短信的发送和接受还不会影响其他活动。当用户不方便进行语音交流时，比如在繁华的闹市中，正在开会、上课或上班等不方便接听时，短信的优势便体现出来了：用户可以随意收发短信而不被认为不礼貌或妨碍他人。这也是语音交流所不及的。所以，手机短信被许多公务员和学生所深爱，现在很多课堂、会议上的“转笔运动”已经变成了“拇指运动”，任上面讲得天花乱坠，底下的个个埋头苦干，盯着手机屏幕勤奋地摁着……将手机调到“振动或静音”，无论是多烦冗的会议，多沉闷的讲课，也不再令人头痛了。

总之，短信使得人们从语音交流的现场性中解放出来，真正实现了随时随地地交流联系。

其次，手机是个人私有财物，私有到它的主人是谁都不知道。人们买手机时既不需要身份证，也没有财产登记。所以，对手机用户的管理可以说是一片空白。手机短信使用者拥有了更大的身份隐秘性，甚至连个人特征之一的声音也可以隐去。“在网上谁也不知道你是一条狗”这句话同样适用于短信聊天。因此短信交流汇集了网络交流的两大优点：文字交流性和身份隐秘性。所谓的“短信情缘”也继“网络情缘”后蔚然成风。

短信使交流者实现隐身!

并且，由于短信交流大多是点对点的即时性的传播，手机的使用者具有暂时的稳定性，所以比起网络交流，短信交流的虚幻程度要略小些，因此可信度也就更大些，于是短信聊天博得了更多人的喜爱和信任。同样，利弊相生，短信交流的隐秘性诚然保护了许多人的隐私，但也成为散播谣言和虚假信息的一个极其有利的方式，为怀有不良意图的人提供了一个绝好的犯罪工具。

目前社会上的“有害短信”可谓不胜枚举，以名目繁多的虚假中奖信息诈骗钱财、用“短信情缘”蒙骗无知少女、散布谣言恶意中伤他人、挥之不尽的烦人广告……2003年4月底，几乎每个北京手机用户都收到这样一条谣言短信:“为有效防治‘非典’,北京市区半夜将有高空撒药,不要外出。”在卫生部有关人士证实这则短信纯属谣言之前,许多人对这条信息深信不已。这尚属无甚恶意的“恶作剧”。而2003年2月期间在广东地区散布的“抢购含碘盐、大米”的短信则属发国难财性质的恶劣谣言了。这些谣言均利用了短信的隐秘性——没有人知道第一条谣言的来源,谣言的制造者无从查起,因此也就无法追究责任,被骗者也就只有哑巴吃黄连,有苦说不出了。这种谣言还属于伤害性不大的恶作剧,信了也没有太大影响。而恶意诈骗的谣言所产生的后果就不那么简单了。

近年来,我国不少手机用户都被所谓的“恭喜中奖”、“六合彩特码”、“出售廉价走私物品”等信息骚扰过。而公安机关也不断接到报案,称有人利用虚假手机短信进行诈骗,金额动辄上万元,有的甚至达到几十万、上百万元……由于手机的使用者是匿名的,因此给公安人员的断案带来很大不便,而犯罪分子也日益猖獗。2004年6月1日开始,公安部在全国范围内开展“打击治理利用手机短信和网络诈骗犯罪专项行动”以来,到7月底,全国共破获了此类案件近2000起。

据了解,为对手机用户进行长效防控,目前公安部已与信息产业部、金融部等协调沟通,酝酿在全国范围内实行手机卡销售实名登记制度。

真是成也萧何败也萧何。本来是个很独特的优点,被心怀不轨的人所利用,就完全不是那么一回事了。

此外,短信还有一个可爱的地方,就是短信发送的可暂储性。当前短信的发送原理是这样的,发送者发出的短信会先暂存在短信发送中心,然后再由系统发送给接受者。因此,当接受用户已关机，或在盲区时，系统将保留该条短信息，在用户开机或重新进入服务区时，及时送进接受者的手机。所以，如果不是线路出现问题的话，基本上可以保证对方能够收到短信。

和语音交流不同的是，短信还可以暂储在手机中。因此，当你想告诉对方你的手机号码、银行账号、姓名、地址、电子邮箱等，可以直接发送短信至对方手机，既可以避免不断地重复，说不清楚，还可以储存在对方手机中，不会遗失或遗忘。而情人发送的甜言蜜语、父母发送的叮嘱、老板下达的指令也可以保存下来，一部手机便成了用途广泛的记事本。

总之，与其他通讯方式或传媒相比，短信的传播方式和接受方式都是独特的，它的隐秘性将使用者从交流的束缚中解脱出来，轻易地实现交流中的隐身和分身，拥有更大的交流自由。

(二)传播和接受的内容:我的个性化报纸

短信可以传播的内容涉及方方面面，同官方传播相比，它更为广泛且平民化，而与口头传播相比则更为正规，可靠性相对更强。

从大的分类来看，短信传播的内容有两种:一种是个人交流，一种是网络短信服务。

短信个人交流的内容和个人口头交谈一样无所不包，这一点就毋庸赘言了。不过从不同内容所选择的表达方式来看，短信却与语音交流略有不同。以短信方式交流的个人事务，如果是重要的事情，往往长话短说，比如通知事件、时间，询问事情等，短信收发双方态度都比较认真，短信大多会简明扼要，尽可能争取用一两条短信解决问题。但如果是闲聊的话，“拇指一族”往往会煲起“短信粥”，天马行空有一搭没一搭地乱扯，将网络聊天的那套用上，仿佛发短信不要钱，将一两分钟内可以说完的内容用十几二十条短信来聊。因此很多人在月末结账时发现一条一毛钱的短信的开支竟达到上百元。

短信传播最有特色的内容就在于网络短信服务。目前，各大网站均提供文本短信、彩信和多媒体短信等服务，分为信息类、娱乐类、商务类、通信类等，为消费者提供了充足的选择余地。短信订阅的内容大多以新闻和各类资讯为主。比如政治、经济、文化、体育、天气预报、股票评述、英语学习、健康资讯等无所不及；而非订阅的其他短信服务则以言语传情和娱乐整蛊为主，从幽默笑话、情人私语到节日祝福等，也是琳琅满目、种类繁多。

短信服务商们费尽心思地为各行各业、各个阶层的手机用户量身订做了许多服务：花一角钱，你可以享受的收费服务有：打折信息、手机宠物、天气预报、言语传情等；花两角钱，享受的服务有：列车时刻、航班计划、邮件提醒、个股点评等；五角钱以上的服务当然属于“高消费”，有福利彩票、股价提醒、图片传情等。

网站上名目繁多的短信订购服务，使人们期望已久的“个性化报纸”逐渐成为一种可能。这里就像一个信息超市，人们可以随意选取自己所喜好的信息种类并扔进购物筐，随后将会不断地接受到自己所关注的各类信息。在某种程度上看来，就是所谓的信息资讯个人化的体现吧。

在我看来，资讯个人化或许可以包括两层含义：首先当然是所获信息将是个性化的，充分体现个人需要和个人喜好。其次它也标志着这些信息在传送和接受中具有一定的隐私性，是纯个人的。短信订阅正是在这点上满足了很多人的需求而受到欢迎。只有订阅者个人知道自己究竟订阅了些什么内容，也只有订阅者自己知道自己每天都收到些什么信息。因而，事实上，一些正儿八经的信息，如新闻、财经类等如果不是专业人士的话，大多也不需要及时收到，并且在网络、报纸上都可以轻易查到。所以，当前的短信订阅最诱人不是这些堂而皇之的信息，更重要的是能订阅到一些通常得不到的暧昧信息，如“性”。各大门户网站上的什么“两性知识”、“成人笑话”、“恋爱宝典”、“绝对隐私”、“荤迷素猜”等内容的短信订阅量绝对要比其他新闻资讯火爆得多。“荤”的东西多了，自然不免涉及些格调低下甚至色情的内容。在2004年7月的网络色情大整顿中，各网站纷纷将这些内容包上了“知识”的外衣，涉及性的内容大多以“知识传授”、“常识普及”的面目出现，并往往冠冕堂皇地抬出“计生委”、“妈富隆”、“人之初”等作为内容来源来做后盾。

由于手机短信是点对点的通讯方式，能够把信息直接传送到用户手中，可以保证信息接受的准确率和可靠性，并且手机的普及程度高，同时具有人际传播的作用，可以达到一传十、十传百的效果，因此，手机短信逐渐成为新闻发布的一种新途径。在2004年7月北京遭受一场罕见的暴雨引起了严重的交通瘫痪后，气象部门提出，“手机短信将成为天气预警的重要手段”，能及时将灾害性气象信息通知市民。如果这种预想实现的话，手机短信将不再是单纯的人际传播，而将成为名副其实的大众传播——“第五媒体”了。

当然，从目前的形势看来，短信订阅没有大范围地普及，一方面由于短信订阅必须基于网络、电脑的支持，这就将许多手机用户排除在订阅之外。另一方面也是由于当前人们的生活水平仍不高，人们尚不适应自我选择信息这种新型生活方式，仍然习惯于从报纸、电视、广播等传统传媒所传播的信息中单方面地被动接受信息。第三方面，目前短信订阅市场的管理混乱，许多订户在取消订阅后依然被收费，这也是许多用户对短信订阅望而却步的原因之一。

但是，无论如何，短信订阅毕竟让我们看到了一线希望，它改变了传统媒体单纯地"灌输型"的传播方式和传播内容，给予我们一种新的接受信息的自由。"个性化报纸"梦想的实现或许是漫长而曲折的，但至少不再缥缈而虚幻。

总之，短信以其独特的传播方式、传播内容，给个体带来前所未有的崭新的资讯自由。在传播和接受信息的内容和方式上，个体都有了更大的选择余地。虽然短信是否可以称得上是"第五媒体"尚在探讨之列，但毋庸置疑的是，短信已然为传播带来了一股新鲜气息，短信必然在人类传播史上刻下浓重的一笔。

第三节 恋恋物语 时尚游戏

手机的流行体现了现代人消费观念和价值观念的极大改变，毕竟，相对于其他日常用品而言，手机仍属于较高档的消费品，并且，对于广大平民百姓和学生而言，手机通讯的作用也并非不可或缺。但人们仍然对此趋之若鹜，这是为什么呢？短信的价格虽然低廉，但许多年轻人在月底交费时经常发现短信费用超百元，这个数目对于学生而言也不算小。那么，许多新新人类还是被短信迷得神魂颠倒，纷纷争当短信玩家，这又是为什么呢？

这或许很大程度上归根于短信是一种流行时尚。流行时尚有多种内容，如流行服饰、流行音乐、畅销书籍等，它们从人的衣食住行各种需要入手，将人的生活内容、品位和格调逐一引导到所谓的个性、先锋及引领时尚等层面，之后随着大众的跟风，流行时尚逐渐普及开来，就变成了大众文化。和它们一样，短信也是都市流行时尚风中的一个构成因子，只不过它是从人的通讯需要入手，如同当年的随身听、现在的MP3一样，是一种现代工具的流行时尚。

且让我们从手机消费谈起。自手机诞生后，由于它诸多的优势(如前所述)，逐渐发展成为一种高效率、高品质、时尚而精致的生活的标志。

在这里，波德里亚的“符号消费”的观点或许可以为我们提供一个剖析手机时尚的切入点。流行时尚的本质是一种符号控制，“在发达资本主义制度下，普通大众不仅被生存所迫的劳动之需所控制，而且还被交换符号差异的需要所控制。个体从他人的角度获得他们自己的身份，其首要来源并不是他们的工作类型，而是他们所展示和消费的符号与意义”[①]。这种态度、判断标准的变化就直接造成了另外一个结果，即人们对手机的消费已经不仅仅局限于对其功能的消费，更大程度上，是对手机背后的含义的消费，是将手机本身作为一个“符号”来消费。“变成消费客体的是能指本身，而非产品；消费客体因为被结构化成为一种代码而获得了权力和魅力。”[②]也就是说，消费者花钱购买的是“手机”这个概念背后的能指，即时尚、精致、高效的中上阶层的生活方式。

麦克卢汉说的“媒介即讯息”的观点又提出：“任何媒介（即人的任何延伸）对个人和社会的任何影响，都是由于新的尺度产生的；我们的任何一种延伸（或曰任何一种新的技术），都要在我们的事务中引进一种新的尺度。”[③]“任何媒介或技术的‘讯息’，是由它引入的人间事物的尺度变化、速度变化和模式变化。”[④]的确，高科技正在加速度地改变着人类的思维方式、生活习惯，改变着人类自身和整个世界。手机作为高科技的代表之一，自然也不例外。

①② [美]马克·波斯特：《第二媒介时代》，144页，范静哗译，南京：南京大学出版社，2000。

③ [加]马歇尔·麦克卢汉：《理解媒介》，33页，何道宽译，南京：南京大学出版社，2000。

④ [加]马歇尔·麦克卢汉：《理解媒介》，34页，何道亮译，南京：南京大学出版社，2000。

如果说手机的这种"能指"是在电视和广告的特殊语境下得以附加的话(广告和电视中,手机的主人往往是社会精英、成功人士或时尚一族),那么人们对其迅猛的消费则使这种"附加"的"能指"变得更加牢不可破。在现实生活中,人们充分地行使了构建这种广告式语境的主体性作用。

"电视广告中规定了一种交流,这是日常生活的任何语境中都不会有的交流。非真实的被制作成真实的,被交流的是一套没有意义的意义。用波德里亚的术语说,被交流的是对交流的一种模拟,它比现实还要真实。""这种超现实是电视广告中语言学上的创造;当其抽象消费者变成一个具体使用者,当电视传播所构建的抽象主体变成一个被构建的具体主体并与商品—物体具有日常关系时,这种超现实便荡然消失。"[①]也就是说,人们在购买商品后,广告中美丽的语境便遭到摧毁,所有的浪漫在购买和使用的过程中消失殆尽。比如,广告中的洗洁精是夫妻美满浪漫生活的添加剂,在恩恩爱爱的小夫妻的打情骂俏的家务活中,洗洁精也变得浪漫无比。于是,消费者在购买洗洁精的时候,同时希望购买的是物品背后隐藏的家庭美满的意义。但是,当购买的过程结束,真正使用洗洁精时,洗洁精却早已还原成一种普通的家庭化学用剂,它被广告所添加的超现实"能指"意义早已消失殆尽。

但是,手机的消费却不尽然。手机背后隐含的是"高贵、优雅、时尚"等超现实意义。和消费广告中的其他商品不同的是,人们不甘于在购买手机后就丧失其"能指"意义,为了留住这种"自我感觉良好"的骄傲,人们在购

① [美]马克·波斯特:《信息方式》,88~89页,范静哗译,北京:商务印书馆,2000。

买手机之后，主动自觉地加强了手机这种时尚的“能指”，采取了诸多方式，譬如将其置于显眼处炫耀，通过精致的外套、美丽的饰品使其更加时尚等，这在2002至2003年城市的大街上尤为显见。可以说，如果没有大街小巷俊男靓女们胸前腰间晃动的五颜六色的绚丽的话，手机的时尚意义或许就会大大削弱了。

然而，各种饰品的时尚意义，毕竟是外在而浅薄的，那只能是年轻人的专利，稍微年长者便只会对这种装饰游戏付之一笑。所以，单纯利用饰品来增强手机的时尚“能指”，是远远不够的。但是，手机制造商和服务商们是不会轻易地让手机的时尚“能指”暗淡下去，沦为与电话相似的日常用品的。于是，短信的推广便势在必行了。可以说，短信功能的开发和人们对短信的狂热，宛如一剂强心剂，使手机的“能指”得以前所未有地巩固和强化。在短信的支撑下，手机稳保了它的时尚地位，并以更大的强度在老中青各个年龄段的人群中普及开来。

和外在虚浮的饰品所不同的是，短信的时尚意味是内在而深厚的。首先，短信和网络聊天、电子邮件、BBS等时尚的网络文字交流形式接轨，网虫们长期的网上交流使文字替代了语言，成为他们更愿意选择的通讯方式。简洁明了的文字交流已然成为一种时尚，热爱网络的年轻人自然会对短信钟爱不已。其次，短信的保密性更强，人们不仅可以随时随地畅所欲言，并且，只要交流双方保密，那短信的内容就绝对可以做到“天知地知，你知我知”。所以在这个标榜个性自我、言语自由的年代，短信绝对是个时尚先锋。再次，短信是一种基于文字的交流，我们将在第二章中谈到，文字在中国是一种地位的标志，识字的人、知识分子是高人一等的。因此，短信不仅是时尚的标志，它还是等级阶层的标志——在某种程度上，会玩短信的人是有文化的人。正是这个原因，将大部分中老年人卷入这场时尚的游戏中来。最后，正如适才所说的，饰品的年龄性太强，只适合于年轻人，它将绝大部分手机用户拒之时尚门外。而短信则不同，它不存在年龄的界限，无论男女老少，都可以轻易地使用短信，加入这个时尚的行列。费瑟斯通说道："不仅年轻人及富人全神贯注于风格化的生活方式及自我意识的确定，消费文化的大众普及性还暗示着，无论是何种年龄、何种阶级出身，人们都有自我提高、自我表达的权利。"[①]短信的可爱之处就在于，它为生活于中下层的百姓，为远离时尚的中老年人提供了这样一种自我提高、自我表达的权利，低廉的费用、简单的操作使更多的人能够轻易地加入时尚的行列。

短信强大的时尚能指不仅巩固了手机的符号意味，使手机拥有者保持高人一等的感觉，并且，短信本身也成为一种新的符号，使短信用户拥有领先潮流的快感。在人们对短信的疯狂消费中，短信本身已经幻化成为一种符号，它的交流意义大大降低，在更多情况下，它只是一种时尚的标志。我发，我发，我发发发。"发"的内容已经不重要，重要的是"今天你发了没有"。正如波德里亚所说的，时尚消费的不是具体的客观物质，而是"一种意义，一个符号——一种社群感"[②]。短信让所有使用它的人都找到了一种归属感，一种归属于这个时代的安全感，一种融入时代潮流的自豪感。

① [英]迈克·费瑟斯通:《消费文化与后现代主义》，126页，刘精明译，南京：译林出版社，2000。

② [美]马克·波斯特:《第二媒介时代》，146页，范静哗译，南京：南京大学出版社，2000。

但是，“时尚就是这样一种东西，它越是大众化、越被扩张，就越导致自己的毁灭”[1]。时尚总是处在不停地更迭之中的。

时尚越是大众化，越被扩张，越导致自己的毁灭。

① [英]迈克·费瑟斯通:《消费文化与后现代主义》，127页，刘精明译，南京：译林出版社，2000。

"影响标志性商品使用的一个重要因素是,为获得'地位性商品'、为获得表明步入上流社会的商品而展开的斗争,使得新的商品的生产率不断提高。而这使人们通过标志性商品获得上层社会地位的意义,反而变得只具有相对性了。经常性地供应新的、时髦得令人垂涎的商品,或者下层群体僭用标志上层社会的商品,便产生一种'犬兔'越野追逐式的游戏。为了重新建立起原来的社会距离,较上层的特殊群体不得不投资于新的(信息化的)商品。"[①]引领时尚的年轻人已不甘于与大众分享这种时尚,因此,他们开始玩起新的短信花样:从发短信到下载图片、铃声,从纯粹的文本短信到彩信、多媒体短信,短信一族通过这种"新的(信息化的)商品",将自己从只会发文字短信的大众中脱离开来,再次引领了短信新的时尚潮流。"当下层群体向上层群体的品味提出挑战或予以篡夺……上层群体通过采用新的品味、重新建立和维持原有的距离来作出回应……"[②]图片、铃声、彩信、多媒体短信……短信这种种功能的更新再次证明了短信消费的符号性。应该说,正如黑白电视必将被彩电所淘汰一样,短信功能的更新是科技发展、社会发展的必然。从实用的角度来看,这些新的功能为交流增添的信息量未必很多,但是,它们的最重要的意义并不在于它们的实际功能,而在于它们标志着一种新的潮流、一种时尚。它们能给予使用者感到领先于人的快感,它们能增添短信的时尚"能指",使短信得以维持其时尚生

① [英]迈克·费瑟斯通:《消费文化与后现代主义》,127页,刘精明译,南京:译林出版社,2000。

② 同上,129页。

命，这才是它们的意义所在。

因此，手机热也好，短信狂也好，事实上都是"时尚符号"在作祟，是符号意义上的时尚，人们不过是在玩弄一种"符号"追逐的游戏。但是，正是这种追逐游戏刺激着消费，推动着经济发展，成为现代人的存在方式、生活方式。

追逐时尚是女人的天性，从符号学和时尚的角度来看，短信使用者中之所以女性要远远多于男性这一问题，或许也可以从这方面找到答案。

一方面，女人的不安全感促使她们喜欢追逐时尚，以此来标明自己的身份和地位，满足一种虚荣感。于是，很多女人不断地变换手机，不断地变换手机铃声、待机图、手机挂件等。另一方面，喜欢甜言蜜语是女人的天性，而许多腼腆的男士却着实"爱在心中口难开"，这时，短信发挥了最大效用，用短信发些甜腻腻的情话既满足了女人钟爱浪漫的心理需求，又保住了"大男人"的面子，通情达理的女士们往往也不会为此再纠缠不休。而男士频繁换手机的似乎比较少，用手机短信海聊也比女士们逊色得多。首先，他们大多嫌麻烦。其次，男人对时尚、流行的兴趣也远远比不上女人。因此，手机及短信对于男人而言，在很大程度上还就只是个通讯工具。将用手机、发短信完全作为一种时尚流行来作秀的男士恐怕很少。

最近，很多朋友跟我说道，2000年短信刚开始兴起时，为了短信去买手机，有了手机后就猛发短信，一天没收发短信心里就空空落落的，仿佛生活里少了点什么似的。但是，时过境迁，过了三四年后，对短信的热情逐渐就减少了。现在除了和几个亲近的朋友保持短信联系外，不到逢年过节的时候，也懒得发短信了。先前的那份热情逐渐地冷却下来，回过头来想想，简直没法想象自己当初居然一个月能发1000条短信！现在有时候甚至会厌烦发短信这种联系方式，能打电话说的就懒得再发短信了。当初那种狂摁手机键盘的热情早已烟消云散。

热情过后，人们渐渐理智地看待短信这种新的媒介。它给人们带来的自由的维度到底可以延伸到怎样一个范围？短信的逐渐消沉证明了在短信风暴中时尚符号的魅力和作用是如此的强大。人们对短信的狂热，绝不简单地是因为短信给人们带来了方方面面的自由，而在很大程度上是因为短信是一种时尚。短信自由是当年构筑这种时尚的因素之一，但真正推动短信风暴的是时尚本身，而不是任何构筑时尚的因子。于是，正所谓“十年风水轮流转”，任何一种时尚都有它的生命周期，经过了三四年的狂热后，短信已经开始逐渐进入它的平稳期。如果没有融入新鲜血液新鲜内容，没有新的刺激点来刺激人们的消费欲望的话，这个时尚也就会和以往许许多多的时尚一样慢慢变成一种日常行为，甚至被人们所遗忘。

商家为了稳固短信的时尚地位，为了保证大把大把的银子能像前两年一样流入腰包，他们变换着法子增加短信的时尚能指，刺激人们的短信消费欲。从客户服务端的短信游戏、彩信彩铃到电信运营商的赠送天气预报、标题新闻……但是，这一套套的促销手段仍然很难唤起人们当年的短信狂热。在今后的日子里，短信市场的逐渐平稳似乎已是大势所趋，“我为信狂”的年代在慢慢过去。现在看来，短信要成为“第五媒体”确实任重道远。个性化信息、个性化报纸的实现也并非一蹴而就的事。短信会不会重蹈当年汉字寻呼机的覆辙呢，现在恐怕还很难定论。喜新厌旧是人类的本性，没有新的时尚亮点，短信很难再次重振雄风。那么短信还有什么刺激点没被挖掘出来呢？这就不是我们所能预测的，而是需要商家们绞尽脑汁的事了。

漫天信舞

短信的产生，使人们拥有了新的抒情方式，从而也产生了新的交际方式。在城市上空漫天飞舞着的各式短信让人们在烦琐的交际网络中愈加如鱼得水，却又麻烦多多：情书不必写，短信网站里有大量经典的短信情书可以拷贝，但由短信引发的信任危机却日益严重；节假日里对长辈、领导和许久不见的朋友的问候也免去了许多无话可说的尴尬，尽到了礼数，维持了关系，大家其乐融融，但陌生人之间的交流壁垒也因短信变得越来越冰冷厚实；好友之间对着手机抿嘴一笑，其中的默契尽在不言中，但谁也不敢确定这温馨的问候仅归自己独有；甚至连老年人也加入这个时尚的游戏，向来羞于言情的中国父母对子女的关心也变得暧昧起来，而如何应对长辈温情暧昧的短信却令年轻人越发头疼起来。

第一节　大众情书——网络时代的爱情宣言

任何时代的爱情故事总是和通讯方式血肉交融。没有通讯工具，相爱双方就无法互相沟通，爱的电波也就无法射入彼此的心里。在人类学会使用电之前，除了面对面的交流外，不得不把自己的儿女情长，或刻或写在从龟壳、竹片、铜器、铁器到丝卷木头以及纸张上，然后，再借助宝马良驹沿着千里驿道日夜兼程送到目的地。而所谓的鸿雁传书，更留下了许多传扬千古的情书绝句。

此后，随着人类掌握了电子的奥秘，传播手段发生了质变，不仅信息传播的效率得到了极大的提高，人类的交流方式也日新月异：从写信发展到电话、传真、电子邮件、QQ聊天，一直到现在的手机短信。人们争先换着法儿表达自己的情感，仿佛以最新的方式才能表达出最不一般的爱情来。手机其功能之强大和日新月异，早已超出了千里传音的传统范畴，它在给人们带来各种便利与享受的同时，有时也会伴之以烦恼，更在改变着人类本身。现代通讯方式的便利和快捷确实为情感的传输带来许多好处，但是，现代通讯方式是否有利于情感的巩固和感情的专一，那又另当别论了。

网络时代的爱情是虚幻的，它和网络一样，充斥在社会的每个角落，但却飘浮在空中，难以把握，虚无易逝。

现代的爱情是虚伪的。从形式上看，现代人比前人要浪漫得多，甜言蜜语、鲜花情书、名车钻戒、旅游度假……人们为证明自己的爱情订做了许多华丽的衣裳。然而，实质上，现代爱情故事比以前要现实得多。对方的经济地位、工作情况、家庭背景、学历程度等硬件总是要列入人们的考虑范围。一见钟情、从一而终的爱情已经成为童话般的过去。离开了丰厚的经济基础便没有所谓的浪漫，一无所有的爱情很难在这个物欲横流的社会里存活。

于是，人们一方面为了证明爱情的纯洁性，力求将金钱远置于爱情之外，另一方面又为了稳固爱情拼命地赚钱。然而爱情的浪漫除了金钱物质的基础外，还需要时间、情感、精力的投入。人的精力是有限的，鱼和熊掌不可兼得，时间、精力用在事业上多了，用在爱情上自然就少了。爱情和金钱围着时间、精力展开激烈的争夺。结果是显然的，虚无的爱情、精神最终无法战胜金钱、物质。因此许多人抱怨对方给予爱情的时间越来越少。

手机短信的适时出现则完美地解决了这个问题。“通过手机发送爱情短信已经成为一种新的时尚情爱方式。古代爱情是鸿雁传书，后来，情书、电话成了新的爱情红娘，现在，短信是新的爱情联系的纽带。情书太慢，也太费劲，电话是快捷了，但有很多情话是在电话里说不出口的，而短信则最为快捷、自然，还带着那么一点儿神秘，从而成为爱情的新宠。”①

手机的产生使得恋人们或夫妻间的联系愈加紧密，然而它对爱情的作用究竟是促进巩固还是破坏肢解，却是众说纷纭。短信之于爱情更是如此。

一、当信任遭遇“短信”

日常手机短信对爱情的促进作用是显然的。作为一种随时随地的联络方式，手机短信有效地缩短了恋人们的时空距离，使恋人们能随时与对方交流。而作为一种文本传播方式，手机短信可以使恋人们的沟通更加深入，表达出语言所难以启齿的内容，比如，示爱、道歉、哀伤等人性中最隐秘的情感。这种更深层次的沟通可以加深恋人间的理解和体谅，无疑是爱情的养护剂。但是，短信无时无刻的监控对爱情的破坏也是十分明显的。恋人双方丧失了相对独立的个性和生活空间，过度依赖短信将会使恋人们产生“短信焦虑症”，导致神经紧张。这种过分亲密无间的爱情是畸形的，也是容易破碎

① 丁妍、沈汝发：中国青少年研究中心·专题研究报告[2003]第7号。

的。失去神秘感的爱情要么变成亲情,要么就会走向死亡。

一部电影《手机》风靡了大半个中国,几乎所有的伴侣、恋人在结伴观看后都要不同程度地审视对方一番。特别是女士对男士,更是情不自禁地“心有千千结”,打了无数个问号,有许多家庭甚至吵得不可开交。一些心里真有鬼或者看上去心里有鬼的男人们犹如惊弓之鸟,接到老婆的电话就是真的在开会也绝不敢说在开会;一些确认丈夫不轨或者怀疑丈夫不轨的女人们则将《手机》奉为爱情忠贞宝典,一遍遍温习,然后演习操练,令心里有鬼或者看似有鬼的男人们更为惶恐。而充当男人心中的“女鬼”们的情况则比较复杂:一些“女鬼”同样一遍遍温习冯导的大作,然后认真分析思考如何才能避免穿帮露馅;而另一帮心有所图的“女鬼”则频频光顾手机店,不厌其烦地试验各种新锐手机的功能,以图发现更具杀伤力的武器,以至若干款在《手机》档期上市的新手机备受追捧,其中能拍摄长时间录像的手机最受欢迎。

其实可以说,成人之间的谎言、不信任是相当普遍的,无论官场、商场,无论工作、生活,人与人之间多多少少都会打些马虎眼儿,说两句隐瞒或欺骗的话。然而,当这一切发生在家庭中,就显得无法原谅。特别是当谎言发生在伴侣之间的忠诚问题上,更是绝对不可容忍。家庭是这样一个地方,它标志着温馨、包容、可靠和忠诚。信任是恋爱、婚姻和家庭的基础之一。有人把家庭称为“港湾”,是最值得依靠和信赖、最安全的地方,是可以完全放松身心的地方。因此,当欺骗发生在家庭中,人的受挫感和悲伤将达到极限:连自己最信任最不设防的人都在欺骗自己,那活着还有什么意义?

在这场玩转隐瞒和欺骗的游戏中，手机及手机短信充当了这样一个尴尬的角色：手机、短信往往既充当制造谎言的工具，也往往成为揭露谎言的钥匙，真是成也萧何败也萧何。

手机是个人私有财产，并且由于随身携带，因此沟通方便且隐秘性极好。在办公室里打电话，难免会隔墙有耳。在家里打电话，老婆更是竖着耳朵听着。所以，手机是保护隐私的最佳工具。找个僻静之所用手机通话，可以肆无忌惮，可以畅所欲言，接着就可以为所欲为了。而短信更是隐秘之极，说话难免会让闲杂人等听见，而发短信就只有天知地知，你知我知了。用手机向老婆撒谎时难免怕周遭的声音和情景一不小心被电话的那头嗅出些臭味来。而短信则完全避免了这种漏洞。随你扯什么谎，只要发一个情意绵绵、温存体贴的短信，什么都可以混过去。正在与其他女人调情的丈夫通过短信完全可以轻易地将在家中苦守的妻子蒙骗过去。而通话就未必能那么方便了。

然而，隐藏了太多秘密的手机却往往变成了一颗随时可能爆炸的“手雷”。正如《手机》中的费墨所言：“你们在手机里面说了多少废话和假话？手机里到底藏了多少不可告人的东西？再这样闹下去，早晚有一天，手机会变成手雷！”正是心里有鬼而言不由衷，使手机充满了火药，手机承载不了过多的谎言丑事就会变成手雷。或许在没有手机的年代，危机不会如此快如此易爆发；而在手机时代，严守一、费墨的事业与情感在瞬间便会双重崩溃。

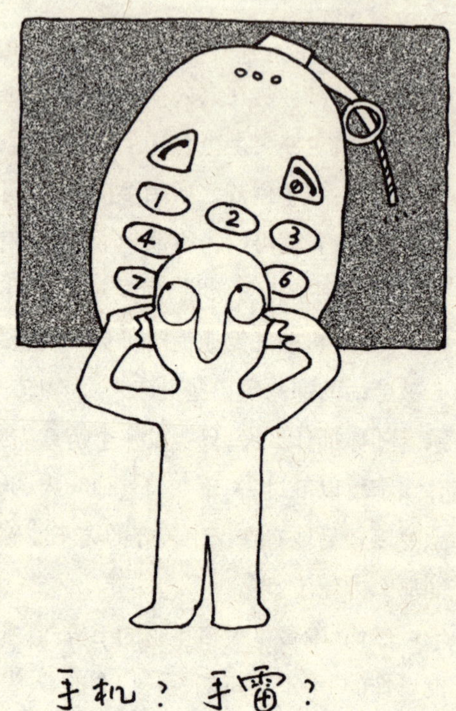

手机毕竟是死的物体，而人作为万物之灵是不可能被这个小小的盒子永远牵着鼻子走的。手机没有知觉，它不知道什么时候该响，什么时候该闭嘴，而短信更是呆板，它不知道什么内容的短信不能收，什么内容的短信该保留，什么内容的短信应该随时自动删除。于是，手机便变得危险之极。随时可能由于一个不合时宜的电话或短信引燃一场家庭战争。

看过《手机》这部电影的观众可能都会对结尾这个片段记忆犹新，因手机短信两次陷入情感危机而焦头烂额的男主角，得知手机竟然还会泄露自己的确切位置时，第一反应就是心惊肉跳。连行踪都随时被监控，两夫妻之间还有什么可以隐瞒的呢？有人可能以为这样的情节只不过是导演的想象，其实不然，手机定位的服务的确已经推出，并且，销售商宣称：无论任何地形，精确度可达5~50米！

这种精确的定位技术最大的卖点就是只要知道手机号码，机主的位置就可以随时通过手机或者上网实时查出来。换句话说，有了这种服务，只要在手机信号存在的地方，你就可以找到想找的任何人的位置，无论他是在上班的路上，还是在公司工作，甚至是在睡觉。手机已经不再是通讯工具，而成了随身携带的监测仪。

这种手机定位服务的出现，标志着现代家庭信任已经濒临跌破的底线。夫妻之间的信任真是受到前所未有的挑战，有了手机定位的服务，无论什么时间，只要有一点点的疑心，只要手指一动，对方的行踪就无所遁形。然而，手机定位是对个人隐私的一种侵犯，从而令原来建立在相互尊重隐私基础上的互相信任受到挑战，这种极端不信任的行为必然会使得原来已经存在的家庭信任危机进一步加剧。

电影《手机》的结尾中有这么一个镜头：严守一将手机投入奶奶的焚烧炉中。其实说句公道话，手机挺冤的。它只是一个工具，有人可以拿它行善，也有人拿它作恶。这与手机及其日新月异的功能毫无瓜葛。作恶的是人心，而不是手机。

二、短信情书

与日常短信相比，恋人间的“短信情书”来往的意义则大不相同。在众多网站上，手机短信往往出现在首页最显眼的位置，其中作为代表的短信大多是“言语传情”。短信服务商为情人们的“情书”往来提供了各式各样的样本。打开网站上的短信言语传情专页，人们会发现自己进入了一个大型情书超市，这里摆放着种类繁多、琳琅满目的传情短信。示爱表白、山盟海誓、幽言怨语、玩笑调情、格言诗词……可谓酸甜苦辣，应有尽有。

> 也许爱你是错，但我不后悔爱上你，希望让我下辈子还能遇见你！既然爱上你我就不后悔，我愿永远陪着你，用我的一生爱你！

> 有一种默契叫做心照不宣；有一种感觉叫做妙不可言；有一种幸福叫做有你相伴；有一种思念叫做望眼欲穿。

类似这种缠绵悱恻、甜得发腻的情话在短信情书超市里不胜枚举。与快餐快速进入大众生活相似，这种“大众情书”也成为爱情快餐迅速渗入年轻男女的爱情生活中。情感的炽热、语言的优美是短信情书与日常交流的最大不同，自然也是吸引恋人们的重要因素。

曾经有一位哲人说过，男人用嘴巴谈恋爱，女人用耳朵谈恋爱。爱意绵绵的情话，是任何一场恋爱都不可或缺的。谈情说爱既是年轻人的本能，也是权利。但中国社会长期受着“男女授受不亲”、“非礼勿视、非礼勿言、非礼勿听”的约束，年轻人非得有“父母之命、媒妁之言”才能结合在一起。而自由恋爱是万万不可的。五四新文化运动过后，中国的年轻人终于摆脱了封建礼教的束缚，可以自由地谈情说爱了。斗转星移，历史发展到如今的网络时代，年轻人逐渐习惯于在空中幽会、E-mail中缠绵。短信更是恋爱中的人们更新更快的谈情说爱的新型武器。

我喜欢生命里只有单纯的盼望，只有一种安定和缓慢的成长，喜欢岁月漂洗过后的颜色，喜欢那没有唱出来的歌，更喜欢和这个看短信的人在一起……

这样情深意切、缠绵悠远的短信，怎能不让看短信的人怦然心动，心潮起伏。在这里，短信绝对是恋人的月下老人。

每个人都希望在恋人面前展示自己最出色、最具有内涵的一面。发送一条文采斐然的短信情书，如果恋人将此误以为是自己的作品，那效果自然更好；即使对方知道不是自己初创，至少也可以表现出自己的鉴赏能力和生活情趣。最重要的是短信情书具有方便快捷性。短信情书在产生之际便是一种纯粹的快餐文化，它为消费者节省了大量的精力和时间，消费者不用费心去想、去写，要做的只是像在超市里购物一样各取所需。并且短信情书的价格也相当低廉，一则不过两角而已。以最小的投入得到最大的“产出”，如此完美的性价比自然使短信情书的销量与日俱增。

并且，通过手机短信情书传情达意，尤其是暗恋表白，可以避免见面时的窘态或被拒绝的尴尬，躲在文字背后的情感表达自然就多了一层保护，进退自如。有些语词暧昧的幽默短信，既可以当做爱意表露，又可以当做幽默分享。收到者若是有心，自然会有所回应；若是无意，也可以假作迟钝，没有看出弦外之音，一笑了之。比如：

我昨晚梦见你了，我们漫步在小河边，相互依偎着。你抬头凝望着我的眼睛，深情地吐出三个字……汪汪汪。

我轻轻地缠绕在你耳际，温柔地触动你的脸颊，甜蜜地亲吻你的嘴唇……呵呵，我是口罩，记得戴我哦！

像这样暧昧的短信，尽管弦外之音非常明确，但由于发送者没有明确地表达爱意，因此，即使落花有意流水无情，接受者不想接受的话，也不好勃然大怒、兴师问罪，以免犯了自作多情之嫌，最多随手删掉就是。而如果双方本来就是郎情妾意，就差捅破一层纸的话，那这些短信情书的效果当然极好了。

还有一种短信情书被称作霸王短信，带有强制性或赖皮的味道：

我不小心把“我爱你”误发给你了。如果你接受，那就储存起来；如果你不接受，就把这三个字返发给我。

你在偷偷想我吗？你真的是在偷偷想我吗？如果你真的

想我就告诉我啊，我不会不让你想我的，大家讲道理嘛，我也想你啊！

读这短信，你已欠我一个拥抱；删这短信，欠我一个吻；存这短信，欠我一个约会；要是回复，你欠我全部；要是不回，你就是我的。

遭遇这样的无厘头的搞笑版“野蛮爱人”，估计谁都会无可奈何。

爱是一种感受，即使痛苦也会觉得幸福；爱是一种体会，即使心碎也会觉得甜蜜；爱是一种经历，即使破碎也会觉得美丽。

长相思，晓月寒，晚风寒，情人佳节独往还，顾影自凄然。见亦难，思亦难，长夜漫漫抱恨眠，问君怜不怜。

这种咬文嚼字、酸得掉牙的情书，在生活中大概谁也说不出口，即使壮着胆子说了，不被当做有病那绝对是大幸。但这些话却可以被一字一句地写进手机，随着电波堂而皇之地传递给另外一个人。这些文绉绉的情话，只有在短信里才能得以存活。短信是另外一个虚拟的社会。在短信天地里，人们开着无伤大雅的玩笑，说着略显矫情的话——在现实社会中这么说，人们会认为你有毛病。

这样美丽的情书作为爱情的润滑剂和强心剂，它的效果自然是非常不错的，再现实再物质的人偶尔也需要形而上的滋润。但是，如果把这种“大众情书”完全当做爱情的食粮，那恐怕就会适得其反了。看多了网站上的大众情书，人们不免会腻味，发送者的诚意也难免被大打折扣。有时候，朴素平常的短信要比花哨的情书更能打动人心。至少它是发送者自己一字字想、一字字写的，而不是仅仅几下点击就能完成的。

短信是另一个虚拟的社会。

手机短信之于爱情究竟是利大于弊还是弊大于利，谁也说不清楚。任何一个事物都必然有它的正反方面。短信亦然，现在对它盖棺定论恐怕还为时过早。

但是有一点是可以肯定的，那就是，短信服务商揭开了蒙在爱情之上的那层神秘的面纱，将现代人的爱情变为一种商品，卷入现代商业买卖中。金钱以另一种更深层的方式侵入现代人的爱情。爱情在商业操作中逐渐丧失纯粹性，显得惨淡苍白。

第二节　暧昧的家书——超越年龄的时尚

中国父母对子女的爱向来含蓄而腼腆。严父自不必说，绝大多数中国成年男性在家中标志着权威，他们对子女的态度向来严肃而认真。而慈母对儿女的爱意也无非表现在对孩子无微不至的生活关怀和絮絮叨叨上，极少父母会对业已长大成人的儿女“谈情说爱”。尽管随着社会日渐开放，在西方育婴观念的影响下，中国年轻的父母开始学会对年幼的孩子用语言直接表示爱，但是对于那些年逾半百的中老年父母来说，对子女“说爱”仍然是十分困难的。

随着中国社会的开放、发展，人口流动日益增多，年轻人在外求学、谋生的也越来越多。特别是城市里的青年，能在家乡终老一生的人逐渐少了。并且，这些在外求学谋生的年轻人中有不少是中国第一代独生子女。因此，当前中国出现了许多“空巢”家庭，即家中只有父母没有子女。这些独守空巢的父母自然十分迫切地希望能与子女加强联系。于是，与中国通讯事业发展同步的是，父母和子女的联系方式也日新月异：从面谈到写信，再从写信到打电话，最后从打电话发展到了发短信。随着手机短信的日渐普及，我们的父辈开始习惯用短信表达情感，甚至逐渐喜欢上这种本应属于年轻人的时尚。

宝贝,今天工作忙吗?妈妈很想你。

乖乖女,中秋节老爸送你一个三层月饼,一层是甜蜜,中间是暖心,最里面是爸妈的爱。

像这种“甜腻腻”的短信家书,在当代中国城市里已经不足为奇了。许多父母通过短信对孩子进行“遥控家教”或者“传情表爱”。

短信家书最重要的意义自然在于它对家长与孩子关系的作用。

一方面,短信家书有利于父母与子女的沟通。以往孩子长大了总是千方百计地回避父母的唠叨, 或者充耳不闻,或者溜之大吉。父母的叮咛嘱咐总是打水漂,过多的唠叨甚至会引起孩子的反感。而短信家书的出现则改变了这种情况。正如第一章所说的,短信具有可存储性,无论你愿意与否,只要一开机,短信的内容自然就会出现。因此,短信就像一个灵敏度特强的导弹一样,随时可以将父母的“啰唆”送到孩子手中。父母再也不必为孩子的逃避和抵制烦恼不已了。只要拇指一摁,不管孩子愿不愿意,他总是会看到。

此外,由于短信的文本特性,它的说服力要强于言语。很多时候年轻人不愿意听从父母的劝说往往是由于面子障碍,尽管心里已经接受父母合理有效的建议,但是,为了表示自己的独立性和进步性,他们不愿将这种认同表露出来,不愿意将自己表现为“乖乖女”或“乖乖子”。久而久之,无论父母的话正确与否,孩子都不愿意去听。但是,家书一旦以短信的形式出现,就免去孩子在父母面前听从建议的尴尬,父母的“唠叨”便显得不是那么烦人。

此外,短信家书增进了父母与孩子的情感。当父母学会用短信这种时尚的方式表达“爱”、“想你”等时尚的语言时,他们与子女的代沟就在一定程度上缩小了。尽管这些短信有些程式化,或者从年逾半百的老人嘴里说出这种暧昧的话有些“不伦不类”,但是,父母对子女的关爱溢于言表,没有人会轻视这份浓郁的亲情,子女们或多或少会为之感动。

除了表达关爱以外,有的时尚父母还会经常给子女转发笑话。这和收到朋友的搞笑短信的感觉还是略有不同的。朋友之间分享快乐,这是一件很平常的事,而父母参与这种年轻人的游戏,意义就不一样了。年长的父母能够体会并愿意分享这种年轻人的快乐,一方面说明了父母为拉近与子女的心理距离所做的努力,另一方面也说明父母不再是落伍、过时的象征。也就是说,这种短信家书改变了以往人们画在老人、父辈与顽固、落伍之间的约等号,拉近了中老年人与社会的距离,改变了子女对父母的印象,使他们不再认为与父母是全然无话可说的。这也使老人们找到了生活的另一种乐趣,丰富了他们的生活。儿行千里母担忧,在家寂寞无聊的父母也趁此把自己的惦念凝聚在这简单的字里行间。

于是,与父母给孩子发的暧昧短信相应的,孩子对父母的态度也逐渐变得“温情脉脉”:

老妈:从前你会强迫我吃粽子。而今,孩儿不在身边,用短信编织一个虚拟的粽子送给您,祈老爸老妈平安!

每逢佳节倍思亲。爸爸，妈妈，新的一年你们多保重身体。

可以想见，父母收到子女这样的短信会有多感动！在短信交流中，年轻的子女开始懂得体会和回赠父母对自己的关切。

如今年轻人对待父母的短信家书，心情多少会有点复杂：一方面，大多数年轻人能够体会父辈们想参与这种时尚游戏，与年轻人拉近距离的良苦用心，也能体会家长对自己的关心呵护；但是，如果这种短信家书泛滥成灾的话，那恐怕就适得其反了。

有些父母自从掌握了收发短信的技术后，一天数遍地发短信“骚扰”儿女：“在哪呢？”“和谁在一起啊？”“吃饭了吗？”“吃什么了呀？多吃点。”“早点睡觉啊，不要熬夜”……如此一来，这类短信家书非但不能成为两代人之间沟通的桥梁，反而会让儿女心生反感：这唠叨怎么无穷无尽啊，本来不在父母身边生活就是为了有个独立而清静的个人空间，没想到短信把这些唠叨又带进来之不易的独立空间，让他们不胜其烦。

那么，该怎么回复父母的短信呢？这又成了一件相当头疼且需要技巧的事。不回信吧，这唠叨肯定就更加无穷无尽了；回信吧，因为体谅父母的苦心，自然也不能像面对面一样抵抗或顶撞。如实地回答吧，且不说许多人心里并不情愿，而且，这么回答的后果将是后患无穷：父母那边肯定会有更多的疑问和唠叨回复过来盘根究底，这下麻烦更大了。于是，只好哼哼哈哈打些马虎眼糊弄一下算了。但是，有些父母还是“贪心不足”：“不许糊弄，老实回答！”这下可把年轻人弄得无可奈何、哭笑不得。

从当前短信的使用量和用户群来看，短信大多是在年轻人之间进行，是一种平辈之间的交换交流，因此，从心理暗示的角度来看，在很大程度上，短信在青年人的心目中，原应是一种平等的交流方式，它很少涉及等级、辈分和地位。这与面对面交流有很大不同。然而，父辈们在使用短信与子女交流时，往往一方面要注意用词活泼轻松，既要表达出关怀和爱意，又不能显得生硬。但是在具体交流中，当子辈们有所悖逆时，他们往往却忘记这点，不自觉地又摆出他们的身份和架子来。于是，年轻人的短信游戏有时难免会使得父辈的身份游离而尴尬。

快节奏的现代生活将中老年人拉入短信这场追逐时尚的游戏中来，然而年龄与心境的不同却使他们始终无法与下代人的节奏保持同步，始终无法完全融入这种时尚游戏。他们也收发短信，但他们不是在“玩”短信。短信是他们与年轻人接轨的一种方式，是一种寻求理解沟通的“求和标志”。但他们永远无法从心底里去热爱短信，短信对于他们只能是一种通讯方式而永远不可能是一种生活方式。

第三节　廉价的寒暄——维系关系的仪式

新周刊的《短信文化的文本分析》一文写道："同从前的人相比，一堆数码符号显得没有见面那么诚恳。但这就是现代，处在一眼望不到边的交往圈子里，大多数的联系只是蜻蜓点水，连电话拜年都嫌太热情了。短信的出现恰到好处，发一段问候，来几个笑话，既是问好又是游戏，既是交往也是骚扰。在嘀嘀的摁键声中满天飞的信息符号里，交流的不是信息本身，而是人与人之间的一种联络的纽结。"

现代人的社会关系无疑是纷繁复杂的。除父母亲人外，同学朋友、老板同事、商业伙伴、竞争对手、老师学生甚至情人……人们的交往圈子越来越大，人与人的关系越来越复杂，也越来越微妙。在一堆堆所谓的"朋友"中，有的是可以谈心的，有的是用来做事的，有的是钩心斗角，有的只是点头之交……妥善处理好这纷繁复杂的关系网，是每个人在社会上立足和做事的基本条件。然而时间有限，精力有限，面对如此庞大的交际网，自然不可能对每个对象都拿出同样的精力来打点。于是与朋友的联系自然还得分远近亲疏，有的是要经常泡在一起的，有的是隔三差五要见见面的，有的是隔段日子得问候一句的，有的是逢年过节不能漏过的……对不同的人总是要以不同的方式来对待。但是，其中很多联系都是蜻蜓点水式的，真正真心诚意的祝福问候恐怕不多。

短信的出现，为这些蜻蜓点水的联系提供了最适当的方式。它不在于你发送的是什么，最重要的是你发了没有。当发送短信成为社会普遍认可的一种交际模式后，“发短信”这一形式已然变成了短信交流的全部内容和意义。发送就意味着惦念和关心，不发就意味着遗忘和淡漠。在很大程度上，短信已经成为一种廉价的寒暄，成为现代人无法替代的人际交流方式，成为一种维系人际关系的仪式。

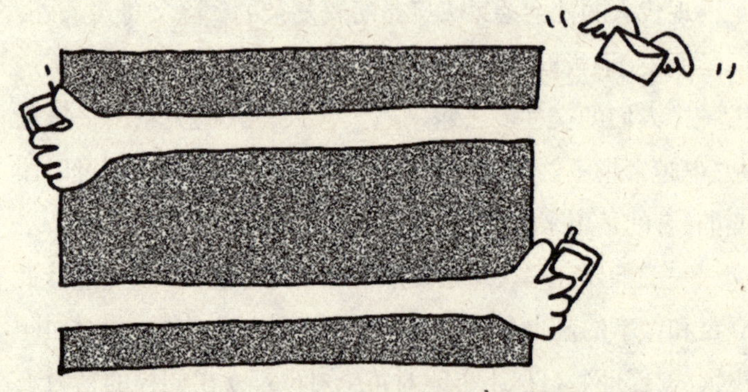

短信成为一种维系人际关系的仪式。

短信的效率和快捷是其他联系方式所不可比拟的，这也是人们钟情于它的最主要原因。没有短信时，要同时问候每个朋友是不可能的，而短信却使得这个愿望的实现变得轻而易举。只要拇指一摁，刷刷刷，几分钟内，一二十条短信就会飞往天南地北不同人的手中。与登门拜访和打电话相比，在单位时间内，短信的传播范围要广得多，也快得多。这样一来，就方便了大范围的问候和联系。一句“最近过得还好吗？”可以同时发送给无数个人，然后收到无数个不同的回答。这句短信问候的性价比可比见面的问候或打电话的问候要高多了。同样是点对点的交流，这种交流却是以发送者为中心点向外辐射的交流，无论接受者有多少，在一般情况下，他们都不会意识到这样的问候不只是发送给自己，于是发送者在某种程度上欺骗了接受者的感情，博取了信任，轻易地掌握了交流的主动权，将自己的交际网络斡旋在手中。

以70字为限的短信在文体上及内容上都非常随意，从随意的招呼到温馨的问候，或者是善意的调侃讽刺，无论使用者还是接受者都感觉非常轻松。短信内容的随意性和零碎性能够有效缓解都市里紧张的生活节奏，使人们紧绷的神经得到暂时放松。譬如荤笑话、整蛊短信、言语传情等，都能有效地放松人们的心情。

蚂蚁来到游泳池见大象在游泳，说道：你上来一下！大象爬上来，蚂蚁看了看说：下去吧。大象很恼火：你想干什么？蚂蚁说：没什么，我游泳裤不见了，想看看是不是你穿了。

瞧瞧，茶余饭后来这样一则搞笑短信，幽人一默，乐己一乐,岂不快哉?

另外,短信内容的丰富性还能减少单纯为了联络的枯燥。比如春节拜年时,人们的口头问候无非是“恭喜”、“新年好”、“来年吉祥”等寥寥的几句,说多了自然甚是乏味。但是如果说复杂了,一方面会被人误以为要弄酸腐文气,另一方面对于理解能力差的,还得为此费力解释半天。但是,短信就不一样了,在短信中,你可以尽情地展示才华,用最美丽的语言表达最真诚的祝福。一句话,丰富多彩的短信使刻板复杂的人际关系变得生动活泼起来。

这一刻,有我最深的思念。让云捎去满心的祝福,点缀你甜蜜的梦,愿你拥有一个幸福快乐的新年!

“春风得意马蹄疾。”新年伊始,愿你乘着和煦的春风,朝着灿烂的前景,马不停蹄,奔腾前进!

短信问候免去了见面或者打电话时无话可说的尴尬。正如前面提到的,人的社会关系分远近亲疏,不同的交情就有不同的联系方式。其中对生不生、熟不熟的关系的处理是最困难的,近则趋狎,远则见疏。但是,或者是出于利益,或者是出于礼节,有些关系还是不得不维持的。此时人们无论是见面或者打电话都会显得过于热情,或者都难免陷入无话可说的尴尬境地。而短信的交流就免去了这种尴尬。只要是不需要见面的行为,人们的胆子往往会大些,比如情书、恐吓信或骚扰电话之类的,什么肉麻的话、过分的话通通可以说出口。对于那些善于溜须拍马的人而言，短信是一种绝好的巴结方式，自行编制一段声色并茂的短信，将说不出口的逢迎加入其中，既达到了巴结上司的目的，又不会显出自己的卑微和低俗，短信因此大受此等人的欢迎。而生意场上的客套话有时说起来也是有些生硬或者不自然，有了短信，既达到了保持联络的目的，尽到了礼数，完成了这种必要的仪式，又免去许多难堪和尴尬，可谓一举两得。

短信能使亲朋好友的联系更加紧密。短信的文本特性还会使人们的关系变得更加“亲昵”。很多短信的问候是以玩笑的形式出现的，这就打破了朋友之间疏于联络所产生的生分感，无形中拉近了彼此的心理距离。

我常揣想，当暮色已降，走过街角的你，会不会忽然停步，忽然之间，把我想起？

知道撒哈拉沙漠怎么来的吗？因为我每想你一次，天上便掉下一粒沙，于是，非洲就有了撒哈拉。

远方的你可要好好地照顾自己，不要一感冒了就流鼻涕，偶尔也可以打几个喷嚏，那是代表我在想你！

即便对于非常亲密的朋友而言，一句以文字形式出现的问候也会显得无比温馨。

此外，短信作为一种随时随地的传播方式，能使人产生“时刻在线”的感觉，兜里揣着手机，通过短信，无论什么时候都可以和他人保持联络，对自己的亲人、朋友甚至更多的其他人的行踪的把握性都会增大。很多人一拿起手机打电话或者发短信，第一句话就是："你在哪？忙什么呢？"这句话的应用率简直可以与中国人见面问候时的"吃了没？"媲美。尽管它的意义也许只是一句打招呼的开场白，但是从另一个角度看来，这也表明了人们希望能够掌握他人行踪、把握他人动向的一种期盼。与此同时，短信的普及使用也使人的归属感随之增强。询问他人行踪的同时，自然也能让他人随时掌握自己的动向。于是，有了手机、短信，就有了"天涯若比邻"的感觉，即使各自身处异地，也和生活在身边一样，缓解着现代人的孤独和无助。

由于短信的现场性，它还会使人们产生审美的快感。短信呈现给人们的只是纯粹的文本，人们无法真实地听到对方的声音或者见到对方的行为，因此，短信联络就给予接受者足够的想象空间，呈现出一种距离美。而人们在阅读短信时便处于一种不受干扰的非功利纯审美状态。这种审美的心理状态往往会使人觉得身心愉悦，文字比语言神奇的地方也往往体现在这里。

短信作为一种方便快捷的问候方式，也进一步扩大了现代人的交际网络。即使是原本可有可无的问候也因为这种方式的快捷得以实现。总之，短信的出现使得现代人掌握了交流节奏，对社会关系的处理越发如鱼得水。

不可避免的是，短信的商业化必然使其进入程式化的操作，机械复制时代的情感总是让人感觉有所隔阂。例如：由于大多数拜年短信都是网站的短信写手所作，而出色的短信也无非是那么几条，因此许多人都会收到重复的祝词：

祝您(吸气)一帆风顺二龙腾飞三羊开泰四季平安五福临门六六大顺七星高照八方来财九九同心十全十美百事亨通千事吉祥万事如意！祝羊年洋洋得意！

晨曦出现的第一缕阳光是我对你的深深祝福，夕阳收起的最后一抹嫣红是我对你衷心的问候。在新年来临之际，送上我最真挚的祝福：新年快乐！

装一袋阳光两把海风，自制了几斤祝福，托人到美国买了些快乐，法国买了两瓶浪漫，从心的深处切下几许关怀，作为礼物送给你。祝新年快乐，万事如意！

这是春节期间发送率最高的几条短信，其中那条“数字”短信笔者就收到过近十次。而2003年“非典”期间短信的重复率也非常之高，譬如：

月色浓浓如酒，春风轻轻吹柳，桃花开了许久，不知见到没有？病毒世间少有，切忌四处游走，没事消毒洗手，“非典”莫能长久。闲来想想好友，祝愿健康永久。

有阳光照耀的地方就有我默默的祝福，当月光洒向地球的时候就有我默默的祈祷，当流星滑过的刹那我许了个愿：祝愿你远离“非典”，平安健康！

“非典”期间，这几条短信在北京手机用户的手机里出现的频率也是相当高的。不可否认的是，发送者的初衷是美好而真诚的，但是，这种“好意”在一再的转发后便逐渐褪色，变得苍白了。所谓过犹不及，再美丽的祝福看上几遍几十遍也会索然无味。因此，许多人宁可收到用最浅显最平白的语言表示的关心：“你还好吗？”至少这是发送者一字字摁出来的，而不是转发得来的。

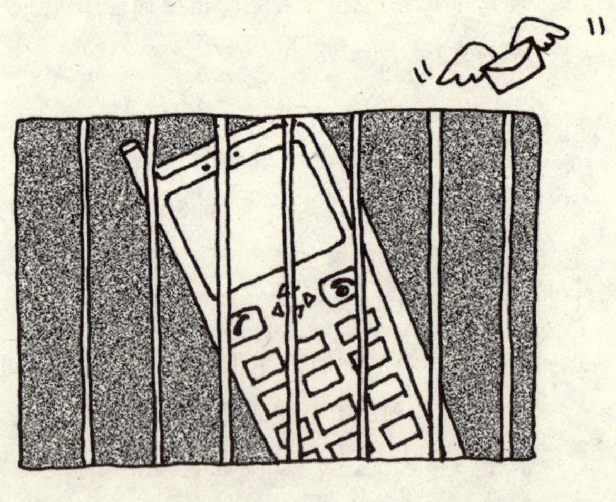

不可否认的是，有些文采斐然、才气逼人的短信的确是有心者独创的，但一旦将这短信发出，独创者的知识产权被恣意地糟践，创作者就等于无偿地变卖了自己的作品。就像黑客将病毒上网后就“一发”不可收拾，病毒将不断传播、变种、蔓延一样，短信一经发出也就无法挽回，短信本身的复制和变形，全然不再受创作者和发送者的控制。

华丽的文字和朴素的语言，都有迷人的时候，关键在于用的频率和场所是否得当，而在这样一个机械工业复制的时代，要保持独创和个性本身就很难，更何况碰上短信这样一个以“复制”为核心的工具。于是重复和千篇一律是那样的必然，让所有的真诚都湮没于复制的阴霾和淫威之下，再加上人的惰性往往战胜创新的快乐，世界“大同”终究会不可避免地到来。

在这些纷纷扰扰不断飞舞的复制短信中，有哪条是出自真心，有哪条是迫于无奈虚伪敷衍的呢？相信与不相信他人的真心，这是一个考验人性的问题，聪明的人类制造了短信这样一个复制廉价的寒暄和祝福的机器，却将自己套入另外一个永远没有答案的悖论中去。

短信是“一种古老的休闲”。当代评论家张柠这样定义它。当短信成为一种廉价的寒暄无时不在无处不在时，它就成了一种休闲活动，像闲时看书听音乐一样自然。并且，它是一个人的休闲，和看书一样，与人短信交流时的快感，只有当事人才能体会，收到短信那一瞬间的喜怒哀乐，也只有当事人才能体味。而身边的人，即使看了或听了短信的内容后，或许也会有所感染，但终究无法分享短信接收者收到短信时的微妙感受。同样的内容，从旁人的手机看到与从自己的手机接受，快乐将是截然不同的。

那么，有了这随时随地可以自娱自乐的短信，人们越发吝惜给予陌生人的善意的微笑和搭讪。君不见，在公共场合抬眼望去，黑压压都是低头发短信的人们，以往那些火车上的邂逅，排队等车时的闲聊，电梯上的微笑……都湮没在"嘀嘀"的摁键声中，陌生人的眼睛都各自死死盯着自己的手机屏幕，或笑意盎然或眉头紧锁。手机让人们把自己圈定在固有的交际圈中，人机合成，就是一个独立的世界。这样一个个人机世界在时空上混杂交错着，但却那样的独立，那样的牢不可破。人人沉浸在自己的世界里，谁也不愿再随意搭讪，偶尔抬眼面对身边的活人，一瞬间，眼神却从盯着屏幕时的活泼灵动变得冷漠而呆滞。

由于短信的介入，人们固有的交际圈似乎越来越稳固，而圈与圈之间的隔阂鸿沟则越来越深刻。发短信的目的性、功利性与言谈的目的性、功利性都在与日俱增。所不同的是，前者因此而日益繁荣，而后者却因此逐渐消退。"不和陌生人说话"——这样现代性的结果，恐怕是短信开创者所始料不及的吧。

短信的出现，似乎的确使我们纷繁的交际人际关系变得简单起来，人们的生活距离和心理距离也似乎都在手中传递的电波中骤然缩小了。如果说网络使地球变成"村庄"的话，短信则似乎使这个"地球村"变成了一个"家"。人与人之间关怀备至，人际关系似乎达到了前所未有的融洽。但是，一毛钱的短信是否真的能实现"彻底的沟通"呢？这恐怕还有待进一步观察和探讨。"大众情书"抒发的是他人的爱情，"廉价的寒暄"使个人的面具戴得越来越厚，一条条的短信更是层层垒筑了陌生人与陌生人之间的隔阂和漠然。或许唯一值得肯定的，只有日益温暖的亲情了。但当短信的亲情成为或沦为如唠叨一样，成为另一种情感负担时，亲情短信的意义或许也将大打折扣。当写信、见面、交谈这些方式全然被价格低廉、内容简易、频繁复制的短信所替代时，我们彼此的心灵距离事实上越来越远了。或许在有短信的日子里，我们注定总是生活在距离和非距离之间。

第三章

玩的就是心跳

第一节　荤段子——亘古不变的意淫

2004年7月，中国互联网掀起一场声势浩大的“反黄扫黄”运动。从中宣部、公安部、全国妇联到地方各级政府、公安部门，再到平民百姓，全国上上下下齐心协力准备打好一场围剿淫秽色情网站的人民战争。色情网站面临着前所未有的“过街老鼠人人喊打”的空前危机。

许多百姓为此拍手称快、奔走相告，网络上的淫秽色情内容让百姓们深受其害、深恶痛绝。有些淫秽色情网站不仅提供淫秽图片、淫秽电影和录像片段，内容不堪入目，而且常常带有病毒，一旦在无意中点击进入，它们往往会像绿头苍蝇一样附着在个人电脑上，阻碍其他程序的正常运行。让你挥之不去，头疼不已，整个电脑很快陷入瘫痪状态。笔者的朋友因为电脑遭到色情网站病毒侵袭而不得不重装系统的可真不在少数。而家有少年的家长们为了不让孩子受色情网站侵害，更是绞尽脑汁，却又防不胜防。

这股网络“扫黄”风不仅扫掉了许多真正罪大恶极的淫秽色情网站，它也波及了其他新闻及综合网站。经常上网的人们应该都会知道，即便是有些冠冕堂皇的商业新闻网站，或多或少在一些敏感栏目中都会带点“黄”。比如：在网站的某些角落总有些暧昧的字眼引诱你去点击链接，从此便进入另一个“乱花渐欲迷人眼”的情色世界；网上论坛、聊天室、交友栏目往往飘飞着各色色情信息或者在些阴暗的角落进行情色交易；贴图专栏中的色情图片更是随处可见；社会新闻栏目中堆积着大量色情、凶杀、暴力等不健康报道；手机短信格调低下，荤段子漫天飞……

这些边缘性色情内容也在此次清剿中被提到了桌面上来加以整顿。政府有关官员要求相关新闻网站要加强对有害信息易发地段的监管，健全和完善对论坛、聊天室、社会新闻、女性频道、交友频道、图片频道等栏目的监管制度，强化监管措施，对涉及色情、不健康的内容进行自查自纠。对专项行动期间发现淫秽色情内容严重且未进行自查自纠的网站，将坚决取消其登载新闻资格。

短信荤段子作为边缘性色情内容之一，自然也在被整顿之列。

大众对黄色短信的不满和争议，其实由来已久。黄色短信源自原来的盛行于酒桌上的荤段子。近年来，荤段子似乎已成为一种时尚，以前所未有的速度传播开来。朋友聚会时讲，酒席应酬时讲，娱乐休闲时讲，甚至办公开会时也讲。刚开始时还有些“羞羞答答”，顾忌一下性别和场合，到后来，干脆就毫不遮掩，变得“赤裸裸”起来。自从借助了短信这一现代载体后，荤段子更以飞快的速度蔓延着，形形色色的荤段子更是在人们的手中频繁交递着，形成阳光下一道看不见的“有色风景线”。

近年来，由手机荤段子，也就是所谓的黄色短信引发的家庭争端、社会暴力等事件早已屡见不鲜。许多原本温馨和睦的家庭因黄色短信而闹得不可开交；因恶作剧发送骚扰黄色短信被告上法庭的事件频频发生；有的年轻人甚至因沉溺于黄色短信，竟丧心病狂强奸幼女……短信荤段子遭到一片恶骂，特别是家长们更视黄色短信为洪水猛兽，唯恐防之不及。许多家长发现自己的孩子上网看黄色短信或手机里存放着低级淫秽的笑话而勃然大怒，除了将手机没收之外，还将网站告上法庭……黄色短信因对青少年道德的严重毒害已被推上司法审判台——在2004年夏季的网站扫黄中，群众对黄色短信的投诉占有相当大的比例。

其实，荤段子的传播由来已久，从古至今在民间就未曾断过。为何到了当代，却引发这许多争议，遭到普遍的斥责呢。这兴许应该归罪于一点——当代传播工具的传播速度过快和传播范围过广。

在网络发展尚不普及的过去，荤段子只在人际口耳相传，这就决定了它的传播速度和范围有很大的局限，大多只会在成人之间，特别是成年男子之间传播。很少有人会对未成年人高谈阔论这些猥亵之词。而大多数男子也不会轻易地当面对并不熟悉的女子说这种轻薄的话。因此，荤段子的传播范围是很有限的，作为成年人之间的一种释放性欲的斯文游戏也无可厚非，也不会造成对社会道德的太大危害。然而，网络的飞速发展和短信的迅速扩张却打破了这个局面。荤段子本来就应该存在于市侩之间，不能登大雅之堂。短信却无视这种规矩的存在，将荤段子带到阳光底下，并被有所企图的人所利用，造成对社会风气的极大危害。

那么，且让我们看看短信荤段子的传播究竟有什么特别之处。

一、从酒桌到短信，将荤味进行到底

荤段子自古有之，《笑林广记》中便有许多记载。现代荤段子的盛行则缘起于酒桌。在酒宴之上，饭桌之间，当人们三巡之后，酒酣脑热之时，荤段子便起着“下酒菜”的作用。也许人们在说的时候都会不以为然，可是过后总有一种感觉——人们似乎离脐下三寸的东西太近，人们似乎都在过“意淫瘾”，而且不论男女都以说一些荤段子而感到一种心理的愉悦。就像现在的年轻人已经不太把同居当做一回事一样，现在人们也不把性事作为说不出口的话了。

荤段子原是与性事有关的笑话，但如今的荤段子已然不纯粹是笑话，更是一种必要的社交手段：“‘荤段子’之所以盛行，是因为成了人际交往的‘润滑剂’或曰‘黏合剂’。当领导的，借以‘联系群众’；做学问的，借以‘放下清高’；当老板的，借以‘取悦八方’；妙龄少女，以此表示并非‘初出茅庐’；而上了年龄的，又借来显示自己的‘壮心不已’………所以席间人际，虽有对此不满的，也只略表缄默，并不拍案而起，以免‘坏了气氛’；而更多的人，则于这种‘口头花柳’之间，找到了‘共同语言’，加深了‘深厚友谊’，致使歪风秽流，一发而不可收。”①

然而酒桌的传播能力毕竟有限，首先是参与者数量有限，荤段子的受众不广；其次，口耳相传的记录功能既不持久也不准确，即便有心者想要在酒桌之外对荤段子加以传播，却难免词不达意、言不尽兴。

而手机短信的适时出现，恰好为走下酒桌的荤段子找到了一个绝妙的传播方式，使这场巴赫金式的语言“嘉年华”愈发地狂欢起来。

---

①《“荤段子”之风不可长》，南方网2004年03月29日16:44。

相对于酒桌荤段子，短信荤段子的特点就在于其传播效果：传播范围广、内容准确、效果持久、隐秘性强。

借着手机短信的储存功能，酒桌上的荤段子可以得到准确的记录和再传播。荤段子的生命由于文字传播的持久而日渐旺盛，不再因语言交流的短暂而瞬间消逝。

而手机短信的转发和群发功能使荤段子的传播范围成百上千倍地扩大，一传十、十传百、百传千……荤段子受众的数量急剧上升。并且受众的分布也更加宽泛。酒桌荤段子的受众大多局限于必须交际应酬的中青年上班族，而短信荤段子的受众则广泛得多，无论白领蓝领、上班待业，甚至是懵懂无知的少男少女，都有可能成为短信荤段子的“中标者”。

在酒桌上说荤段子经常遇到诸多不便，譬如同席的人若有女性，或者自己不大熟络的人，若贸然侃起荤段子，不熟悉的人私下便可能认为这人不大正经，即便是熟络的人可能也会觉得此“段”有些不分场合。但使用手机短信就不同了，发送的对象是可以自由选择的，人们可以选择发给谁，不发给谁，而且发送的时机也是可以自由选择的。平时上班族工作都很忙，能够一起聚会的机会也不算多，有了手机短信，人们就不必一定要等到朋友聚会，酒过三巡才说荤段子。在公共汽车上，在家里，甚至在办公室里，人们可以随时随地发送荤段子。

短信传播的私秘性是它优于其他传播方式的另一大原因。荤段子之所以在手机短信这个载体下得以盛传，在很大程度上也得益于此。短信传播的隐秘性，即不容易被他人发现、知晓的特性和人们对传播荤段子的羞涩感不谋而合。酒桌是一个特殊的交际氛围。酒过三巡后，人们的理性意志逐渐薄弱，羞耻感也相对减少，在酒桌上，人们似乎拥有一种放纵的特权，因此，荤段子容易在酒桌上盛行。而日常生活则不同，在光天化日下大肆谈论荤段子毕竟还只是少数人的勇气使然。大多数道貌岸然的正人君子不会如此自毁形象。而传播短信荤段子就不同了，发送短信荤段子纯粹属于个人行为，只有发送者和接受者你知我知，不会对发送者的公众形象造成任何损失。而荤段子的接受者也免去许多尴尬，或保留，或转发，或删除，悉随尊便。如果发送者是密友或爱人，自然有许多的甜蜜和亲昵之感；即使是不甚熟识的泛泛之交，尽管有些突兀，却也不致过于难堪。

手机短信这种种优越的传播特性，使得短信荤段子的传播日益频繁起来，不仅男人纷纷以此为乐，甚至女人也加入这个狂欢的阵列中来。

二、突破禁忌的快感：从男性的狂欢到女性的冒犯

自亚当夏娃偷吃了禁果后，“文明”的意识开始侵入人的头脑，“廉耻”的观念让文明社会的人类有些“谈性色变”。长期以来传统教育对于与“性”有关的话题一直讳莫如深，“正人君子”们的道德外衣越披越厚。然而，不讲不说不等于不思不想，道貌岸然不等于不存色心，蓬勃的性欲在欲遮还休的拉拉扯扯中越烧越旺。于是，压抑着的性欲通过种种旁门左道释放了出来：语言宣泄、自慰、遗精、同性恋、恋物癖、窥阴癖、暴露狂……而安全系数最大的大概数“语言宣泄”了，骂娘耍泼、猥亵调笑，既不伤及肢体，又能发泄欲望。于是骚客文人吟诗颂词，笑谈风月，过足了意淫的瘾。而引车卖浆者则用粗野言语恣意发泄着最本能的欲望。然而言语至俗至卑却

也索然无味，于是略带文采的荤段子便应运而生。

荤段子，顾名思义，就是指以段子的形式传播的粗鄙的性故事、性笑话。然而既然是段子，便不至于过分卑俗，可以展示出来，卖弄取宠，与众人分享。于是，从古至今，下里巴人的荤段子作为一种可以在光天化日之下进行的意淫，在民间生生不息，代代相传。人们借助荤段子，恣意享受着突破禁忌的快感，当一回反叛性压抑的英雄。

从狂欢化理论的角度来看，酒桌上的荤段子是一种以亲昵、笑谑为基础的“广场语言”。它以引车卖浆者的视角，通过粗俗色情的语言摧毁了神圣、崇高和等级，而畏惧、恭敬、仰慕、礼貌等为人的虚套也在笑谑中烟消云散。在传播荤段子的人群中默契地、自然而然地形成了一种“场”，这种“场”是狂欢式的，没有道德和理智的约束，是一种“狂欢广场”。通行于广场的语言只有一种，那就是荤段子。

那么，男人何以对于这种“圈子”里的语言狂欢乐此不疲呢？这就要从男人的社会地位谈起了。自母系氏族消失后，男人成为社会的统治者和支配者。从古至今，无论是社会、家庭或是个人，对男人的要求和期望值越来越高。男人要自强自立，要有男子汉气概，要养家糊口，要出人头地……然而，能成为社会精英的男人毕竟是少数，更多的男人还是庸庸碌碌的平凡之辈。面对如此巨大的生存压力，男人们之间能聊些什么呢？与女人的唠家常不同，男人之间可以骂街但是不能诉苦，诉苦就是无能的表现。骂街骂多了也无味，因为人与人的境遇不同，不是所有交谈者都可以理解这种抑郁的，也不是所有交谈者都可以充当倾诉不满的对象的。面对不同等级、不同经济地位的同性，男人们唯一广泛普遍平等的，似乎只有“性”了。（即使在这方面有所不如，大抵也不会为人所知)于是，传播荤段子对男人的最大意义就是缩小社会不平等，提高社会认同度，在其他男人前面直起腰板来，做一回真正的男人。

手机传播荤段子对男人的另外一个重要作用就是活跃社会关系和社会交往。随着现代生活节奏的加快，生存压力的增加，男人与男人之间交往的功利性也日益加强。在现代男人复杂的社交圈中，能够两肋插刀的“铁哥们”越来越少，相互缺乏真诚，心里都在盘算着自己的利益，面子上还要亲亲热热，于是荤段子这样的东西就大行其道了。给“哥们朋友”发个荤段子的意义与问候一声“吃饭了吗”一样，是一种加强联络的社交方式。但是这种问候又夹杂着许多“亲昵”意味，比简单的“你还好么”要亲切许多，似乎朋友之间的心理距离就更拉近一层了。

男人唯一广泛平等的，只有“性”。

荤段子在神州大地大肆蔓延，男人圈中自然而然地将讲段子视为很时尚很入流的行为，而能绘声绘色地讲述荤段子更是阅历丰富、风趣幽默的标志，于是荤段子就成为男性表露自己“性感”的一种方式。无论在同性还是异性面前表演荤段子，都有许多卖弄作秀的意味。

短信荤段子同样也是雄性之间的讥讽争斗的战场。荤段子中对男性性能力讽刺的刻薄程度，不在对女性的戏谑之下。在正统的文学作品中，对男人的批判大多止于薄情寡义、风流花心。而与此不同的是，许多短信荤段子则直接将讽刺的矛头指向男人的性功能，对丧失性功能且色心不已的男人大加批判。

荤段子是男性的语言游戏。

但是，荤段子讽刺的是非正常的性能力和性关系。它一方面以笑谑和幽默消解了色情，另一方面则以一种玩世不恭的调侃态度表达了对正常性生活、正常的伦理关系和婚姻制度的认可。讽刺的只是变态、异样的性关系和性能力。

于是，在荤段子面前，人们一律平等，没有身份的高低，没有关系的生疏，没有贫富的差距，人人都只是一种关于"性"的动物。"性"是最高标准，无论身份多尊贵，腰包有多鼓，只要性功能低下均是耻辱的。因此，为了表示自己是高级的"性动物"，人人争相说"荤"，如果不说不笑的话，就等于默认自己性功能的低下，有"对号入座"之嫌。这时，你便出局了，被排除于这个"场"之外。荤段子在缩小社会平等，提高社会认同度的同时，回归到了人类的本质上，回归到男人成其为"男人"的根本上。这是男人共有的，没有高低贵贱之分。

酒桌荤段子是一个"狂欢广场"。而"广场"里的主角、狂欢者则是男人，这是一个"男人的世界"。荤段子是一种男性的语言游戏，它不允许也不欢迎女性的加入。女人只能是被狂欢、被戏谑的对象，是某种程度上的"玩物"，不能参与狂欢。男人在狂欢时欢迎女人旁观，女人对男人语言的反应程度将和男人狂欢的沉醉程度成正比，女人表现得越拘谨越尴尬，男人的言说欲则越猖狂，兴致越高。然而，如果女人主动参与了这种狂欢，大多数男人则会表示相当的不屑和不满。

但是，短信荤段子则不同，它的私密性使得女性们也分享了这种"性话语"的言说快感。如果说酒桌上的荤段子是男性的独舞，那么，短信荤段子则是男女平等的共欢。在短信荤段子里，女性突破了长期以来的禁忌和束缚，享受了某种冒犯的快感。

长期以来，传统思想对女性的性压抑要远远大于对男性的约束。贞烈操守、三从四德，不允许女子在“性”方面有任何的轻薄或僭越。这种思想一直延续至今，贞洁自爱仍然是判断女性品德的重要标准。女性不仅在性行为上不得越雷池一步，在性言说方面也必须谨小慎微，对于性的话题必须讳莫如深，否则便会被冠之以“放荡”的恶名。即便是在当今逐渐开放的社会，传统的观念也不允许女性大肆谈性。因此，女性对性的感受大多只能藏着掖着，不能表达出来。

短信荤段子的出现让女性有了突破禁忌的可能，借着短信的隐秘性，女人可以向丈夫及闺中密友发送这类轻薄放荡的短信，就像小孩恶作剧一样，过一把违规的瘾。

但是，女人发荤段子短信的对象仍然大多仅限于丈夫及闺中密友。如果女人将荤段子发送或讲述给并不熟识的异性或同性的话，该女子的品质便会受到相当的怀疑：“现在的女人啊，真是一点廉耻之心都没有了！”而男人们则不同，男人之间传播荤段子是没有亲疏之别的，甚至荤段子成为拉近男人关系的一种纽带。

女性发送短信荤段子往往只是一种好玩的刺激，往往点到即止，很少会从中真正感到快乐，更不会沉溺于这种游戏。毕竟女性比男性羞涩，也受廉耻观念的禁锢。而男人则不同，他们对发送短信荤段子往往乐此不疲，无论转发者的数量还是接受者的范围都远远超过女性群体。因此，短信荤段子对男性的意义远大于女性，男人更热衷于这种手中的意淫。

第二节　娱乐整蛊——游戏或人性本恶

幽默笑话是当前短信内容的一个重要部分，而“整蛊短信”则是幽默笑话中的重头戏：

> 我快乐因你快乐，我开心因你开心，我愁了因你瘦了，我笑了因你壮了，我有钱因把你卖了，唉，养头猪真难！

每个手机用户几乎都收到过这类所谓的“整人笑话”，网友和短信一族将其命名为“整蛊”。“整”，自然就是“整人”，而“蛊”则包含着“蛊惑”的意味。“蛊”的因素源于短信整人的方式：开始时或讲述一个故事或倾诉一份美好的情感和祝愿，当阅读者逐渐被吸引或感动时，再来个180度的大转折，将阅读者卷入被讽刺之列或泼其一头冷水。由于当前手机屏幕有限，因此，手机用户无法一次性将短信内容看完，这就成为“蛊”的基础，阅读者将逐渐被迷惑而落入圈套。

整蛊短信在人群中大量传播着。大多数整蛊短信都是非恶意的调笑，是一种朋友间互相开心的游戏。发短信者在想象接受者被“整”的情景时会得到快乐，而被整者在阅读完短信后也会莞尔一笑，顺手将短信转发给其他朋友。无论整人者和被整者都玩得不亦乐乎。

这种恶作剧式的都市游戏何以受到都市人如此的欢迎

呢？笔者认为原因有两个：一个是“恶”，一个则是游戏。

一、无意之“恶”

无论是整人或是恶作剧，必然包含有“恶”的因子。荀子提出“人性本恶”，康德则认为，人的本性中存在着一种“恶的偏好”。“所谓‘恶的偏好’，意指这样一种趋势，至少在某些条件下，这种趋向允许来自爱好的非道德的因素的重要性超过道德的因素。……这种恶乃是一根本的恶，因为‘它败坏了所有准则的根据’。……这种恶的偏好是‘植根于人的本性自身之中的’，因而也是普遍的。”①也就是说，“恶”是人的本性之一，潜在于人的“无意识”中，是人性的“本我”。

我们所说的整蛊短信中体现出来的“恶”，正是这种“根本恶”的最初阶段，是一种无意之恶。它不违背道德，更不会导致罪恶，但是能将人性中“不善”的因素释放出来，使人感到普遍的快意。“人是恶的这一命题所意指的，仅仅是这样一种观点：它意识到道德律，却选取（偶尔）偏离道德律的原则为其准则。”“作为一种颠倒诸动机的适当秩序的单纯偏好，根本恶不必导致种种违背道德律的行为，更不必导致罪恶。”②

“弱肉强食、适者生存”的自然规律同样适用于人类社会。人作为一种社会动物，要在社会上立足，必须经历种种竞争。因此扬己抑人是

① [美]亨利·E.阿利森：《康德的自由理论》，陈虎平译，226～228页，沈阳：辽宁教育出版社，2001。

② 同上，223页。

一种生存的本能。但在现实社会里，“出人头地”并非一件轻而易举的事，必须“吃得苦中苦，方为人上人”。而整人和恶作剧就不需要这么麻烦了。整蛊短信帮助人们轻易地享受了超过他人的“优越感”。就像人们看到小丑落水时会开心一笑一样，发短信者想象接受者被“整”的情景时便拥有了一种“高于人上”的快感以及把握他人命运的骄傲和得意。“笑是邪恶的，因而是深具人性的。笑是意识到他自己的优越的产物。”[1]在对他人的戏弄中，人们轻易就抬高了自己。

笑是邪恶的，因而深具人性。

---

① 上海青年幽默俱乐部:《中外名家论喜剧、幽默与笑》,6页，上海:上海社会科学出版社，1992。

这种“恶”的程度是轻微的,在大多数情况下它只是一种语言的“俏皮”,充其量只是一个恶作剧,不会对任何人造成实质性的伤害。并且,由于短信的转发功能,接受者可以在被捉弄的瞬间由“恶”的受动者转变成“施恶”的主动者,瞬间改变了自身的地位,缓解了被要弄的尴尬。此外,整蛊短信所带有的丝微“贬诋”作用使得它的传播范围往往仅限于比较熟悉的朋友之间,接受者尽管在阅读短信的一瞬间会有所不快,但他与传播者之间的情感将会迅速淡化这种“恶”的因素,使得短信变成一种完完全全的纯粹的游戏或者玩笑。因此,现代人对整蛊短信采取了异常宽容和开放的态度,而整蛊短信也作为现代人独特的交往问候方式得以广泛地传播开来。

那么,这种源于“无意”或者“任意”的“恶”因子,是怎样在整蛊短信中得以体现的呢?

首先,这种“恶”体现为一种对他人惯性思维的讽刺。

柏格森认为,当人的身体或思想“由于僵硬或是惯性的作用,当情况要求有所改变的时候……仍然继续进行原来的活动”呈现出一种“机械的僵硬”时,滑稽便产生了。①

短信的整蛊效应便是对人的思维的惯性,或“机械的僵硬”进行的戏谑。首先是针对人阅读时思维的统一性(延续性)设下陷阱:

你在哪儿呢?看到短信后请速回信,有急事找你。因为要

① [法]柏格森:《笑——论滑稽的意义》,徐继曾译,6页,北京:中国戏剧出版社,1980。

给你量身高，称体重，测智商，然后发往光明奶场。如迟到，扣你半个月草料！

由于屏幕有限，当人们阅读“你在哪儿呢？看到短信后请速回信，有急事找你”时，肯定不会想到这是一个陷阱。随后看到“因为要给你量身高，称体重，测智商”时开始有所疑惑，直到最后读到“然后发往光明奶场。如迟到，扣你半个月草料”才会恍然大悟。阅读者在很认真的情感状态下落入圈套。这类短信对于日常联系频繁的身边人最具“杀伤力”。

其次讽刺的是人们对短信这种以文字表现出来的情感的信任。短信这种文字传播方式非常方便人与人之间的真诚沟通，成为一种似乎含蓄而适当的表达情感的方式，因此人们对短信内容的信任度逐渐提升。但是，现代社会里，搞笑、搞笑、再搞笑，娱乐、娱乐、再娱乐，已经成为生活的全部内容，容不得人们对生活的一丝认真，即便短信也是如此。随着短信的普及，短信在很大程度上已经成为一种玩笑的工具（方式），对短信认真的人则显得可笑、落伍。因此，许多“设套式”的整蛊短信或多或少都表现了对所谓真情流露的嘲笑：

与你偶遇我不知所措，含情的眼睛我无法回避，我知你心，拼命跑，你却紧相随。我哭喊着：谁家的狗没人管了？

想念你，每天夜晚为了你，我都会积攒一颗流星，终于汇聚成这场流星雨……小样儿，我就不信砸不死你！

大多数阅读者都会为短信前面的内容所感动，如果双方是恋人关系那就更让人想入非非，但是短信后半部分的内容却往往让人哭笑不得。前后内容及情感的落差使得接受者在瞬间被狠狠地“整”了一把，只能暗自嘲笑“自作多情”，并快速摁键将短信随手转发给他人。

种种玩笑似乎都在告诫人们，任何时候都不要过分相信某种形式（工具）。短信即便再人性化，也无非是一种科技的产物，一种工具而已。在这个冰冷的科技世界里，千万不要自作多情，能有个蜻蜓点水式的问候就该知足了。“笑就应该是一种社会姿态，笑通过它所引起的畏惧心理，来制裁离心的行为，使那些有孤立或沉睡之虞的次要活动非常清醒，保持互相的接触，同时使一切可能在社会机体表面刻板僵化的东西恢复灵活。”[①]于是在这种讽刺性的玩笑下，人们一笑泯多情，又从感性恢复到了理性，变得“灵活”，却又用更深的“冷漠”将自己的感情团团围住。

其次，整蛊中的“恶”还体现为对“他人”的贬低和直接的嘲讽。

一是将他人贬低为“物”。“凡是一个人给我们以他是一个物的印象时，我们就要发笑。”[②]大多数整蛊短信的最终目的都是将对方贬低为面目丑陋地位卑低的“物种”，比如狗、苍蝇、蚊子、猩猩等。

听着！我要追你！我就认定你了！我一直以来要找的就

① [法]柏格森：《笑——论滑稽的意义》，徐继曾译，12页，北京：中国戏剧出版社，1980。

② 同上，35页。

是你！这次机会我绝对要好好把握！我一定要追到你！死苍蝇！

你走吧！走得越远越好，请你不要再缠着我，我真的受不了你，你只会带给我伤害，你对我越是亲切，我越痛苦……飞远一点，死蚊子！

有一天我去动物园看猩猩，我吐了！又有一天，你去看，猩猩吐了！我不解，人与人之间的差距咋就这么大呢？

另外一类则是进行直接的嘲讽：

近日找你不在，听说你被拐卖，真的把我吓坏，你虽从小痴呆，却对社会无害，苍天如此无眼，谁人如此无赖，竟敢拿你去卖，卖得出去才怪！

你血压高，血脂高，职位不高。大会不发言，小会不发言，前列腺发炎。政绩不突出，业绩不突出，腰间盘突出。

这种整蛊短信因其“技巧性”比起上述几种要略逊一筹，导致“恶”的因素增大，伤害性也随之增强，使用不妥则会变成谩骂，令人反感。因此一般人不会轻易地发送这类“明火执仗”型的短信，绝大多数人会更钟情于含蓄而亲昵的“猪猪”式调笑。

二、作为本能的游戏

整蛊短信从本质上看是一种“搞笑式”的文字游戏，因此它符合游戏于人的种种意义。

首先，游戏让人处于自由自在的状态，使人的自然属性得以宣泄，成为完整的人。

“只有在纯粹意义上成其为人时，他才游戏；人只有在游戏时，他才是纯粹意义上的人。”[①]和“恶”一样，游戏也是人的本能之一。

短信整蛊作为一种唾手可得的游戏，它使游戏者暂时摆脱外界的压力，获得自由。正是它的游戏意味，使得它在平民中广泛地传播开来，成为大众“对工业化、官僚制、流水线的一种反抗”[②]，成为人的自然生命力的一种宣泄和展示。

席勒在《审美教育书简》中认为：人有两种自然要求或冲动，一种是“感性冲动”，一种是“形式冲动”，在形式冲动和感性冲动之间应该存在某种联系即“游戏冲动”。“感性冲动从它的主体排除一切能动性和自由；形式冲动则排除主体的一切依赖性与受动性。但是自由的排除是肉体的必然性，受动性的排除是道德的必然性。于是两种冲动都来缓解精神：前者通过自然法则，后者通过理性法则。结果就是游戏冲动把这两方面的作用联合起来，从道德方面和肉体方面使精神得到满

① [德]弗里德里希·席勒：《审美教育书简》，冯至、范大灿译，80页，北京：北京大学出版社，1985。

② 肖锋：《短信这只贱兔》，http://www.sina.com.cn，2002年08月15日00:23新周刊。

足。因此,由于它消除了一切意外的东西,也就消除了一切强制力,使人在道德和肉体方面皆处于自由。”①

也就是说,游戏能将人从现实中解脱出来,抛开凡尘俗事,进入一种“虚拟”的存在,获得精神和肉体的完全自由。在工业化的机械运作中,人丧失了作为“完整”的人的和谐和统一,成为“异化”了的人,而游戏则消除了一切强制,使参与者释放压力,回到人的本真状态。游戏是一种非功利的不带任何现实目的性的活动。

其次,作为一种社会交互性的游戏,整蛊短信可以增强人们的自我肯定意识和社会认同感。

在群体游戏中,人们必须遵守共同的游戏守则,拥有同等的智力、反应能力和知识背景。作为一种笑的游戏,短信整蛊同样如此。柏格森认为:“这样一种智力活动必须和别人的智力活动保持接触……我们的笑总是一群人的笑……不管你把笑看成是多么坦率,笑的背后总是隐藏着一些和实际上或想象中在一起笑的同伴心照不宣的东西,甚至可说是同谋的东西。”②

参与短信整蛊游戏的人,无论传播者还是接受者,都必须有一定的心理承受能力,即能够承受对方的戏谑。这就要求收发双方的身份或社会地位的一致性。整蛊短信只能在朋友之间进行,而不能发送给长辈、晚辈、领导、下属等与自己身份不一致的人,否则就是不自重了。同时,收发双方还要有相同的知识背景、语言习惯和生活习惯。另外,它要求接受者

① 毛崇杰:《席勒的人本主义美学》,74页,长沙:湖南人民出版社,1985。

② [法]柏格森:《笑——论滑稽的意义》,徐继曾译,4页,北京:中国戏剧出版社,1980。

的反应能力和发送者要一致。比如这样一则短信：

你是谁？我不小心弄丢了你的电话记录！我猜你是盛金斌，是吧？或者是艾柏武，对不对？要不然是秦寿，总不会是梅仁杏，若都不是，那我断定你是卞泰。

如果接受者的反应能力较慢甚至没有反应，看不出“弦外之音”（神经病、二百五、禽兽、没人性、变态）的话，这个非常搞笑的游戏就索然无味了。

由于整蛊短信对于参与者的“类同性”的要求是如此之高，因此，整蛊短信只能是属于同类人之间的游戏。这就反过来印证了游戏的另外一种力量：社会表同。这是人们热衷于收发整蛊短信的另外一个原因，即它标志着你参与了游戏，你的社会地位、身份、知识和生活习惯都与这个社会同拍。一句话，你也是时尚的一员。因此，整蛊短信对于大众的另外一个意义，就是它能够使个体更加社会化，缓解和减少现代人的孤独感。

再次，整蛊短信是一种“文字的游戏”，它大量运用了文字游戏的技巧：相互干涉。包括词义干涉——一词多义，语音干涉——谐音，语境干涉——语调的混杂。其间充满着令人叹服的智慧。这就使游戏者享受到审美的快乐。

许多整蛊短信本质上是一种“俏皮话”，它的“幽默”完全来源于语言本身。“语言创造的滑稽……不是借语言之助来表明人或物的特定的心不在焉，而是突出地表现语言本身的心不在焉。在这里，滑稽的乃是语言本身。”“语句和字眼在这里是有独立的滑稽力量的。因此，在大多数情况下，虽然我们隐约感到在语言的滑稽中存在着人的因素，但是我们却很难说出我们究竟笑的是谁。”[①]

其中一词多义或谐音(同音异义)的样例在前文中已有了不少评析,这里不再赘言。

值得一提的是出现在整蛊短信里的大量语境干涉的现象。所谓“语境干涉”,就是将差异较大的两种或者多种语境交叉在一起,从而造成搞笑诙谐的效果。

> 全球通移动用户:近期因调试网络,如遇您的手机信号不良,请您用力将手机往地上摔,尽量使劲摔,反复几次手机即恢复正常。

> 特别忠告:目前针孔摄像机日渐泛滥,为了保证你的私密处不被偷窥,请着装洗澡,大小便不要脱内裤。切记,切记!

这些以“全球通”或“中国移动”名义发布的搞笑短信就巧妙地利用了语境干涉。柏格森说:“在陈词滥调中插进荒谬的概念即得滑稽的语言。”[②]“全球通”、“中国移动”、“特别忠告”这些词语本来所指涉的语境应是严肃认真的,并且,在这些语句里,句式语体也都是严肃的,像“全球通移动用户:近期因调试网络,如遇您的手机信号不良,请您……”按理随后的内容也应是严肃认真的,但是,“摔手机”等却是极其搞笑滑稽的,这就使前后内容的语境有了很大的出入,从而造成滑稽诙谐的效果。

---

① [法]柏格森:《笑——论滑稽的意义》,徐继曾译,63页,中国戏剧出版社,1980。

② [法]柏格森:《笑——论滑稽的意义》,徐继曾译,68页,北京:中国戏剧出版社,1980。

第三节 另类游戏——以玩乐为名

一、玩转掌中的游戏

漫长的上下班路途中，漫不经心地翻看着厚得翻不过来的报纸来打发时间……

因公因私常常要约会，为了不犯“迟到”的大忌提前到达，苦苦等待……

几个固定的朋友圈子，聚会太多了，没有什么新鲜话题，越来越干瘪无趣……

……如今，都市人的很多时间都是在这样的无聊中度过的。

短信，往往成为打发这些无聊的工具。都市里随处可见埋头对着短信使劲，或喜或悲自娱自乐的人，和朋友联系聊天固然是这些短信的主力军，但其中也不乏手机游戏的爱好者。现在，有人这样调侃说：今天，如果你的短信应用水平还停留在每天收几条网上订制的信息，偶尔给朋友转发一则笑话，那你肯定是落伍了。如果今天你在坐地铁或苦等人时还玩贪吃蛇、捡金豆这些单机游戏，那你肯定太落伍了……互动游戏已经不满足于蔓延在那些固守于电脑的网虫之中，而是逐渐地侵入了移动用户的生活。

手机游戏对于很大一批手机用户来说应该不会陌生,因为大部分手机上面都会随机安装几款娱乐小游戏，如贪吃蛇、捡金豆等。但是这些小游戏都过于简单,远远不能让时尚青年和游戏发烧友尽兴。怎么才能享受那种淋漓尽致与敌对抗的乐趣,又能控制好时间适可而止？现在,答案已经浮现。

顾名思义,手机游戏就是可以在手机上进行的游戏。随着科技的发展,现在手机的功能也越来越多,越来越强大。而手机游戏也远远不是我们印象中的什么“俄罗斯方块”、“贪吃蛇”之类画面简陋、规则简单的游戏,它可以和掌上游戏机相媲美,具有很强的娱乐性和交互性的复杂形态。当前的手机游戏可以根据游戏本身的不同,分成文字类游戏和图形类游戏两种。

文字类游戏是以文字交换为游戏形式的游戏。这种游戏一般都是玩家按照游戏本身发给您的手机的提示,来回复相应信息进行的游戏。举一个简单的例子,目前很知名的短信游戏“虚拟宠物”就是典型的文字类游戏。在游戏中,游戏服务商会给您一些短信提示,比如服务商可能会给你发送如下短信:“您的宠物饥饿度:70,饥渴度:20,疲劳度:20,喂食请回复内容为数字‘1’的信息,喂水请回复内容为数字‘2’的信息,休息请回复数字‘3’……”您回复数字“1”之后,游戏会给您回一个信息:“您的宠物已经喂食完毕,您的宠物的饥饿度变为20。”……如此类推,您便可以通过手机短信的方法来进行游戏了。

而文字游戏最主要的就是短信游戏。比如“虚拟宠物”之类。短信游戏是玩家和游戏服务商通过短信中的文字进行交流,达到进行游戏的目的的一种文字游戏。短信游戏的整个游戏过程都是通过文字来表达，造成短信游戏的娱乐性较差。但是短信游戏却是兼容性最好的手机游戏之一。只要您的手机可以发短信,您就可以畅快地享受短信游戏给您带来的快乐。

综观短信类游戏,其都有着一个共同的特点,即游戏是通过文字描述来进行的。游戏过程中,需要玩家进行过多的想象,使得游戏相对比较单调。虽然目前已经有了彩信等特殊服务可以让这类游戏更加人性化,但是其本质依然无法改变。而且,对于短信类游戏来说,其不低的价格门槛依旧是制约其发展的一大瓶颈。

除了以短信为载体的文字游戏外，现在还有大量的手机图片游戏。

图形类游戏更接近我们常说的“电视游戏”,玩家通过动画的形式来发展情节进行游戏。由于游戏采用了更为直观且更为精美的画面直接表现，因此图形类游戏的游戏性和情境感往往较文字类游戏高,因此广受玩家的欢迎。图形类游戏主要分为:嵌入式游戏、java游戏、Brew游戏、Uni-java游戏等。这部分内容不在本章的讨论之列,这里暂且略过。

由于短信本身的限制,目前的短信游戏主要还是通过文字描述来实现的。这是短信游戏和网络游戏最大的不同和局限。尽管随着彩屏手机的普及,也相应出现多媒体短信游戏,但毕竟还是少数。然而,经过一两年的发展,各门各类的短信游戏却已经相当齐全:有益智类,角色扮演类,交友类,养成类,多人互动游戏类等。

以新浪短信游戏为例,新浪有一种养成类游戏名叫“激情人鱼总动员”,打出的广告语是:“我的鱼不喜欢住在海里,更不喜欢住在鱼缸里,所以我把它养在手机里。”“把鱼儿养在手机里。养育过程中,鱼鱼会对你倾吐心声；喂养鱼鱼，帮它治病，甚至鱼鱼买卖，都可以实现哦！”很显然，在这种宠物游戏里，商家卖的是一种“爱心倾泻对象”。和家里养猫猫狗狗一样，人们养宠物的原因无外乎两个：一是寂寞，二是爱心剩余。宠物之所以得到悉心照料，大多是因为主人有较多的爱心，且乏人可诉，于是就用在稍有灵性，可以获得些许情感回报的宠物身上。如果说这些猫猫狗狗对主人的情感是真实的话，短信宠物对主人的情感却完全是虚拟式的，是人为编造的程序而已。

相比于网络游戏，手机短信游戏有着很多的好处，比如时间灵活，不用刻意腾出大段的时间来玩，在工作休息空隙随意发一两条，可以达到放松神经、调节思维的作用。不必老守在电脑前，等人、等车、等电梯等，任何空隙都可以用手机短信来填充。

如果说短信本身就是一种游戏的话，那短信游戏就是游戏中的真正意义上的游戏，纯粹的文字游戏。文字游戏和图像游戏有很大的不同。文字虽然不如图形直观，但是文字有更生动的表现力和更丰富的扩张性。凭借文字人们可以沉静地思考，更真切地体会透过文字的另一方的情绪和思维。

手机短信游戏也是新新人类结交新朋友的一个重要途径。一个手机短信的爱好者这样说道：“游戏会让我沉静和放松，通过短信结识的朋友也如同以前的网友一样，在情感、生活和工作的各个方面都能给我意想不到的帮助。”

由游戏维系起来的关系比起其他网络关系或许更加简单纯粹。无论双方或者多方，彼此的目标都相当明确：把游戏玩好。而完成这个目标的方式只有一个：合作。在游戏维系起来的网络关系中，不像其他网络关系那样暧昧含混、纠缠不清。双方只需出谋献力（当然，前提是要为运营商和游戏提供商贡献点金钱),共同努力把游戏进行下去。因此在此基础上更容易结成“纯洁”的友谊。就像当前很火爆的“拓展训练”一样,在这种以培养参与者的团结、合作精神为出发点的生存游戏中,个体之间更容易产生信任感和由此引发的好感。

短信游戏其实原本就是一场纯粹的商业操作。和网络游戏的开办者一样,这些人是带着赤裸的盈利目的来创办的,其出发点百分百乏善可言。但是,正所谓“主观为自己客观为他人”,他们的无意之举却为现代都市人找到了一个排解寂寞的大好方式,为城市郁闷孤独的年轻人做了件大好事。当“游戏”、“移动”和“短信”这多重元素相加的那一瞬间,“流行”便已经弥漫开来。以手机作为平台,以互动文字游戏为内容的短信游戏集合了短信和游戏的特点,让年轻的时尚一族移动并游戏着,游戏并移动着。忽然间,年轻人发现,一个手机已经足够满足路途中的大部分娱乐需要了。更具互动性、游戏功能更强的短信游戏在拇指一族内流行开来,逐渐成为都市时尚一族的新宠。

二、短信情缘——情色纠结的缘分天空

谈到“短信”和“爱情”,不能不说到现在社会上风行的所谓“短信情缘”。短信情缘源自网络情缘,它有别于恋人们你侬我侬的情话,也有别于短信超市里的“大众情书”,它是一种以交友、聊天为主的移动、互动的手机娱乐方式,是短信服务商提供的一种排遣现代人寂寞和孤独的游戏。

在这个游戏里,手机用户可以不受时间、地点等条件的限制方便

地进行交友、聊天。游戏为用户提供了一整套服务指令，例如：用户注册，进入聊天室，速配，聊天，查询聊友在线情况，查询、修改个人资料，查询速配列表，查询好友列表，查询聊友资料，列为好友名单，列入黑名单，帮助退出聊天室，用户注销等指令功能。短信情缘的聊天对象有三种：一是系统为用户随机速配的一个聊友，二是系统根据用户输入的条件为用户条件速配的一个聊友，三是用户在个人的速配列表和好友列表中指定的聊友。

既然是一种游戏，短信情缘和网络情缘一样，在大多数情况下，交往双方只是在玩弄情感游戏，不会涉及真感情。但是，以文字为基础的交流更具有鼓惑性和欺骗性。许多涉世未深的少女因此深陷其中，甚至深受其害。这是短信情缘和网络情缘的共同特点，在此就不多说。

那么，是什么让都市男女迷恋上手机情缘这种E时代的恋爱方式呢?原因无外乎是：距离（陌生）感+无微不至的关怀+无所顾忌的交谈。正是这三个因素的巧妙组合，让情窦大开的男女在纷纷扬扬的手机短信中沉溺，不可自拔。

无论对于短信聊天还是网络聊天，聊天双方的陌生感或者说距离感无疑是最吸引聊天者的一点。双方都不了解，那就什么都放得开，什么都可以随意说。无论情感的真实与否，都能做到“假作真时真亦假，无到有时有还无”的境界。手机交流过程中，对方关注的即是你这个人本身。对陌生人的好奇心和探询的欲望，是短信情缘不断推进的动因之一。

而短信聊天与网络聊天还有所不同的是短信情缘的某种确定性。手机是一种私人财产，因此在某种程度上，手机的拥有者是确定的，那么，短信的发送者也就具有暂时的确定性。于是，它极易使人忽略了它的不确定性——你所掌握的对方的情况都是对方自己提供的，其真实性基本上等于零。

除了拥有对方的号码,其实彼此的实际情况仍然一无所知。

因此,这种基于对手机的信任感使得短信情缘比网络情缘更具有诱惑性和杀伤力。在这种朦胧暧昧的面纱下,在彼此似假还真的情景下,人们更会轻易相信对方的言语,进而相信对方的情感。

某网站的一则短信聊天的广告是这么打的:"'短信情缘'是一个虚拟的'情缘世界',她会帮你打开内心的另一片晴朗的天空。在这里,你可以无拘无束、畅所欲言……"这句话里,最让你心动的无非是"打开内心的另一片晴朗的天空"。打造内心晴朗的最大因素便是情感的慰藉。任何人都喜欢听好话,喜欢关怀,特别是异性之间的关怀。据专家考证,恋爱能使人增强信心,激发活力,因此我们看到的恋爱中的"宝贝"经常容光焕发。而现实生活中,能在婚后保持相敬如宾或热恋的夫妻估计不多。是主观厌倦也好,客观制约也罢,无论男女,受到的关怀和爱护总是大打折扣。而拥有一个陌生的短信朋友,能够给自己无微不至的关怀,那何乐而不为呢?并且,爱人和被爱都是幸福的。同样,关心他人和被人关心也都是幸福的。有了"信友"后,许多人心中便有了另外一种牵挂,那也是心灵有所牵挂、有所乞盼的幸福。

除了关怀外,短信聊天带来的还有陌生人之间的肯定。最近很流行的一本书叫《水知道答案》。书中说道,听到不同声音:谩骂或者赞美,水的结晶是截然不同的。排除其中的物理因素,我想说的是,任何人都喜欢听好话,喜欢被肯定。太熟悉的人之间的赞美一般是越来越少,说多了那就是生分,是做作,只有打打骂骂之间才能显出亲密无间来。夫妻之间也是如此。真正相敬如宾的夫妻或许会让很多人受不了。因此,赞美和肯定一般都由陌生人或者并不熟悉的人来完成。短信聊友之间往往以"莫须有"的理由来赞美对方,而双方也往往会在对方虚无的赞美和肯定中得到自我价值的肯定，即使心里明白这种游戏的无聊和虚伪。

这也是人类的一种自我保护。心灵的伤害只能是在熟悉的人之间完成的，没有一定了解的人相互不会、也不可能伤害到彼此的心灵。因此，和陌生人聊天时可以自然而然地抛下防御的盔甲，可以海阔天空随意倾谈。因此，从某种程度上说，手机中的沟通，有时要比现实中的沟通更加亲切和没有距离感。

于是，无所顾忌的短信聊天中便产生这样的真实：精神上的真实。不必背负太多的包袱，不必为谁牵肠挂肚，不必为谁吃干醋，不必担心他是否对你不忠，不必因他愁而愁，不必因他忧而忧。通过手机短信，一个女人会对一个男人说得更多，也更真。这或许就是所谓的精神恋爱吧。

此外，手机能随身携带，可摆脱电脑、网络的硬件阻挠，交流的时空越加不受限制。不必再固守一台电脑不挪窝，不必再为网络的隐私保护不周到而头疼，也不必再在吵吵嚷嚷的网络论坛中重新开辟天地，只要拥有手机，只要双方愿意，交流也就无时不在。这对于城市人排遣心里寂寞的确是一剂良方妙药。

当然，媒体报道的利用短信情缘骗财劫色的案例已经屡见不鲜，如果真的想通过网络遭遇“艳遇”，恐怕还得有点胆识和勇气才行。

“‘短信情缘’是什么？你只有亲自体验才能得出结论。想放松心情吗？想广交朋友吗？想让你的生活变得更加精彩吗？那么还犹豫什么？……快快拿起你的手机，加入‘短信情缘’吧！”——短信情缘能否真的像广告词所说的那样让心情放松，生活精彩起来呢？这恐怕就是仁者见仁、智者见智了。

创作，分我杯羹

第一节 仓颉不死——文字魅力的复苏

说及中国方块字的魅力，当溯源于“仓颉造字”的传说。《说文解字》称：“古者包牺氏之王天下也，仰则观象于天，俯则观法于地，视鸟兽之文与地之宜，近取诸身，远取诸物，于是始作八卦，以通神明之德，以类万物之情。”及“神农氏结绳为治而统其事，庶业其繁，饰伪萌生。黄帝之史仓颉，见鸟兽蹄䢕之迹，知分理之可相别异也，初造书契”。

“仓颉造字”这一传说在中国广为流传，从源头上为汉字的灵性陈设了一幅美丽的背景。中国文字的诞生，不是为“记录语言”，而是作为独立于语言之外，远远高于语言的另一种“表意方式”产生的。文字本身是具有独特的“神力”的。在古代中国，人们不仅对文字表达的意义，对古代文献的解释，甚至对文字本身都充满了敬意。在有些地方，写过字的废纸也是不能随便丢掉的，要埋在“惜字塚”里。孔庙前还有“敬惜字纸”的牌匾。有的地方还明文规定，不能将写有文字的纸用于制作草纸或冥币，否则不仅法理不容，而且将遭雷击。在中国的传统文化中，文字远远超出了“语言的记录符号”这一呆滞的定义，它不仅仅是语言的载体、文化的载体，更是文化本身。

即便是在以语音中心论为核心的西方，语言学界的专家学者们也难以否认文字拥有语言难以企及的独特魅力。

在《普通语言学教程》中，索绪尔认为，文字凌驾于言语之上。他认为造成这一局面有四方面的原因：第一，词的书写形象很容易使人感到它是恒久的、稳固的，比语音更适宜构成语言的统一性，因为这样一种统一性虽然完全是虚假的，却较语音更容易为人掌握。第二，视觉形象常较听觉形象更为明晰和持久。第三，文学语言推波助澜，以它自己的词典、自己的语法更增强了文字的重要性。最后，当语言与语法发生冲突的时候，几乎总是书写形式占据上风，文字因此僭夺了高位。①

而在《论文字学》中，德里达甚至提出文字先于语言并包容语言，他认为文字是语言的基础，也是语言的先决条件。这种说法或许有点过激，但他对文字地位的推崇却是无可厚非的。

中国人以各种传说神话来渲染文字的神性，西方人则以实证主义的方式证明文字独出于语言的魅力。千百年来，文字记载和传承着人类文明，以各种形式闪耀着熠熠光辉。

时间进入21世纪，读图时代的到来，似乎使文字的魅力日益削减，厌烦了思索的人们似乎更热衷于简单明了的图画。然而，事实上，无论是电子邮件、网络文学，还是风靡一时的OICQ，文字都在不断地更新自己，以适应日新月异的电子媒介时代。手机短信发送量的飙升更充分地显示了文字永恒的魅力和魔力。

短信是以文字为载体的一种传播方式。人们钟情于短信的原因，除了短信的便捷价廉等客观因素外，文字这一表达方式的种种特性，才是人们钟爱它的最基本原因。

① 陆扬：《后现代性的文本阐释：福柯与德里达》，15~16页，上海：三联书店，2000。

出租车上的移动短信漫画或许最精辟地点出了短信最具魅力的功能：示爱、道歉、拒绝等难以出口的东西，都可以用文字来传达。文字为何能比言语更易于承载这些观照于内心的真实情感呢？这兴许应归结于文字的“含蓄性”。

言语作为一种实时性的交流，它要求参与者必须全身心地投入交流过程，迅速地做出反应，否则交流便难以实现。于是，参与者在言语交流过程中得以思考的时间极短，因而便极易在这种无防护的状态下将自己的真实思想、品性赤裸裸地展示出来。而文字的交流却相对缓慢，无论是在表达还是接受过程中，理性思考的程度都要比言语交流来得更充分些。这或许是一种人的自我保护，脆弱的人性总是害怕被拒绝或嘲笑，大声说“我爱你”要比写一百封情书需要更大的勇气。文字要相对含蓄些，当然也更虚伪些，但是脆弱的现代人正是需要这种含蓄甚至虚伪来自我保护。

文明的产生以文字为基础，这或许因为文字能更充分（未必更真实）地表达情感和叙述事件。文字表达要比口头表达所需时间长，因此，书写者拥有较长的时间去梳理思绪，表达也就更充分些。而对于接受者而言，理解所需的时间也相应延长，能够去揣摩字里行间的别番风味。声音稍纵即逝，而文字则可以被固定下来，供反复揣摩。

短信已经盛行了好几年，许多人的手机里都保存着让自己心有所动的短信。留下的是短信，存下的却是那一刹那间的心情甚至是一段刻骨铭心的经历。在被保存的短信里，有情人间的喃喃爱语，有来自远方的祝福，有父母亲人的关爱，有捷报快传的喜悦，也有让人喷饭的“段子”……每一条短信背后都有一个只有自己才能意会的故事，哪怕只是他人看来再普通不过的寥寥几字的问候——“现在过得还好吗”，对收藏者却别有一番特殊的含义。手机是这样一个尤物，能将瞬间凝固，像一本日记，并且这本“日记”记录的并非纯粹的主观意念，而是实在的“信物”，有着年、月、日、分、发送人、手机号码等证据，记下的是由他人映射于自己的心情。当心情处于低潮时，手机里寥寥几字的短信便是无价的心灵鸡汤。

各人保存短信的情况各有不同。时间长者两三年，短者也就两三个月。有时候，当时过境迁，会将过往的心情删掉；有时候，当情绪突变，也会在一怒之下把以往的情话一气删除；有时候，由于内存不足，为了接受更为重要的信息，也会舍弃保存的信息。因此，能够将一条短信保存一年甚至两三年，实在是一件并不容易的事。前些年，某知名网站曾经推出过短信保存的服务，但不知是由于收费过高或宣传不到位，并没有得到广泛的推广，后来似乎就销声匿迹了。对于许多人而言，这不能不说是一个遗憾。

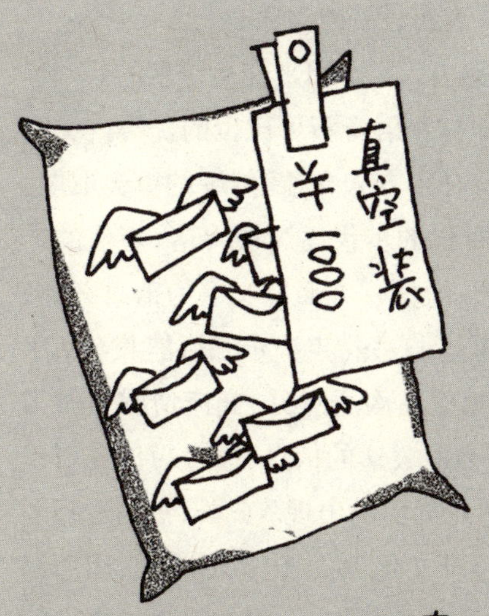

各人保存短信的情况各有不同。

在语言交流中，理解与接收几乎是同步的，不能理解便不能算为接收，声音永不驻留的流动性使一切理解都是当下即刻的，因此对话双方当下的相互理解显得尤为必要，故而语言交流缺乏更深的理解所必需的反思和考量。语言交流的接受过程在本质上是一个受动的过程。而文字交流则不同，它的接受主体有更多的主体能动性，对客体所传达的信息的接受拥有很大的主动性和再创造性，它的反馈既可以是当下即刻的，也可以是反思延后的。

因此，短信作为一种文字交流，能够延长个体交流的时间，使交流双方的理解更充分，交流的效果也会更好。当接收者收到短信时，不一定及时反馈，可以拿着手机好好琢磨一下，过一会儿再回信。短信的交流要比谈话更加理性化，从而更容易达到心灵的沟通。

短信在交流情感上有着独特的魅力。文字用来交换信息的效率远远比不上语音，但在表达情感方面却有着语音不可比拟的优势。文字这种委婉、留有余地的表达方式很符合东方人含蓄、传统的审美取向。传统的书信由于速度、效率跟不上时代的步伐逐渐被冷落，短信的出现适时地弥补了书信这方面的缺陷。短信一方面以文字为信息载体，另一方面又具有语音的即时交流功能。这些特点决定了短信兼有文字的达意与语音的双向交流功能，使短信在沟通意见、交流情感上游刃有余，尤其是那些难于启齿、不方便当面表达的信息，通过短信既可以准确无误地表达出来，又可以避免尴尬局面的出现。此外，短信选择了用文字来代替语音，这恰恰契合了传统文化含蓄、内敛的特质，因而深受用户欢迎。由于文字高于语言的这种心理暗示，用文字表述出来的情感、意义、影响都要强于语言。古时说："家书抵万金。"现在这个通讯发达的时代，打个长途电话轻而易举，而写信的人则越来越少。收到信件的感觉和电话交流还是很不一样的。和语言相比，通过文字表露的关爱更容易引起心灵的共鸣和震撼。以文字为基础的短信发挥了“信”的功能，尽管“短”，但毕竟是文字，比起说话还是强一些。比如妻子给丈夫的一则短消息：“天冷了，注意添衣，小心感冒。”若是打电话的话，这位丈夫或许有些不耐烦，嫌妻子太啰唆。而出现在手机屏幕上的文字，却会将妻子的万般柔情和关爱充分地传达出来。这位丈夫或许依旧不会添衣，但势必会记住这份关爱。

所以，发短信的人可以“情真意切”一些，可以“肆无忌惮”一些，短信可以使双方都免于遭受因某句话的冲动和不妥带来的尴尬和窘迫，也可以使双方都不必因怕失态而故意收敛发自内心的喜悦和开怀大笑。

短信这种更为善解人意，更尊重对方意愿的特点，契合了东方文化含蓄、内敛的本质。此外，短信文化在语言形式上也更适宜于东方文化。和英文相比，汉字文字简洁，意味丰富，这也是短信文化在东方盛行的一个重要原因。

文字揭示的是一种创新精神。无论是西方为记录语言而创造的“拼音文字”也好，中国为了给人以规范所造出的表意文字也好，它们都是人类的一种自我的超越和创新。而这种创新精神在以文字为载体的短信中得到了极大的体现。短信本身就是一种独特的文字表达形式，它允许多种表达方式的存在，兼容了书面语的庄重和口语的随意，无论抒情、议论、调侃、谩骂……在短信空间里，没有任何语法的约束、文体的限制，符号、数字、中文、英语……凡所能用，尽可写之。人们可以恣意地激扬文字，畅所欲言，创造出各种新的书写规则。什么PLMM(漂亮美眉)、:-)、:-(，这些在网络上流行甚广的符号语言也同样盛行于短信。

和网络聊天一样，短信是以文字为形式行口语之实质的新型表达方式，因此，短信融汇了文字思维与言语思维的特点，创造性地发扬了文字的魅力。与语言思维相比，文字思维则更趋于理性，单纯的文字思维缺乏灵活、敏捷度，不能满足人们应急思维、及时传播交流的需要，它缺乏语言思维那种汪洋恣肆的气势和丰富性。而在短信里，使用者的基本思维实质上是语言思维，是以书面的形式书写口语，因而，在写短信时，人们的思维敏捷、灵活、自由，呈多向辐射，这就避免了单纯的文字思维的循规蹈矩。文字与口语的结合，使人们的思维既灵活、敏捷，又清晰、充盈。

我真的想你了。没有你的日子，就好像：炒菜没放盐一样，橘子不太甜一样，喝酒没有烟一样，上街没带钱一样。

祝你致富踏上万宝路，事业登上红塔山，情人赛过阿诗玛，财源遍布大中华。

天鹅湖边鸟飞绝，良无一点双人行。双木非林心相连，您若无心先自飞。（字谜，答案：我很想你）

这些充盈着民间智慧、雅俗并举的短信，在人群中广泛地传播，人们创作并快乐着，发送并快乐着……

文字是人类与孤独作斗争的武器。自从文字产生以来，人类用它与孤独作斗争并建立了自我意识。早在公元前4世纪，亚里士多德就将文字视为表达“精神之爱”的一种方式。近来的研究也表明，对情感的文字表达，比如写信、记日记等，有助于减轻抑郁，增强免疫系统和降低血压。当心情好时，写写日记，可以让自己更快乐，重温甜蜜。当心情不佳时，写写日记，将自己的愤怒、不满、抑郁、感伤、痛苦记录下来后，这部分记忆从大脑转移到纸张上，心里承载的这些情感也就相应地减少了，而倾述具有同样的效果。人人都有烦恼，家家都有本难念的经，但一个不善言语、不与人沟通、性格内向的人则要比一个喜欢叽叽喳喳、性格外向的人承受的压力要大得多，也更觉得痛苦。当前最好的心理咨询师最有效的心理疏导方式也无非是引导精神压抑者说出自己痛苦的原因。痛苦一旦说出来，并且得到共鸣或安慰，同样是舒缓心情的有效途径。

手机短信作为一种私人的表达工具，自然在增进个体间的理解，缓解个体的精神压力方面起了极大作用。具有短信功能的手机就像随身携带的纸笔一样，可以随时将个体的感受记录下来。个体可以选择将这种情感发送或储存。发送自然是最好的释放方式，倾诉是缓解心理压力的最好办法。即便是将这种心情储存下来不发送给他人，也完成了物化情感的过程，从而能够在很大程度上缓解主体的孤独感，这和写日记、向人倾述具有异曲同工的效果。

文字的种种魅力使短信得以蓬勃发展，而短信这种新的科技形式也使文字不朽的魅力得以重现光彩，两者相辅相成，相得益彰。

第二节　70字文体——时尚瓶中的民俗酒

文本短信的一大特征是它仅能提供70个汉字或160个英文字母的文本空间。这自然是短信的劣势所在，许多制造商也正在夜以继日地为短信研制更大的文本空间。然而，在某种程度上，恰恰是这样一种“规矩”，成就了短信的“方圆”。如果短信所能书写的字数不限，短信恐怕很难发展到今天如此繁荣的境况。字数的有限性使得短信在发展过程中自然而然地形成了一种特殊的文体：70字文。而70字文体反过来又促使短信的发展以几何速率迅猛上升。

所谓的“70字文”，指以70字为限的手机短信。它的突出特点是，内容相对完整，句式独特，语言幽默风趣，其行文表意之间充斥着都市平民的生活气息。

短信是时尚的，70字文的提法也是新颖的，然而无论从语言、内容、表达方式还是意义上看，短信也好，70字文体也罢，都带有浓厚的民间文学的意味，是装在手机这一时尚酒瓶中的民俗烈酒，是一种现代“俗”文化。

时尚瓶中的民俗酒

首先，从语言和表达方式来看，70字短信的语言是大众化的，充满了民间睿智和幽默。

短信已经成为人们日常交流的通讯工具，因此，尽管是一种文字表达方式，它的语言却应当是口语化的。所以，短信实际上同时兼有口语与书面语的双重特点。即便是人们偶尔借用或引用格言诗词也会尽量选择浅显易懂的。此外，短信既是一种通讯方式，也是一种休闲消遣方式。快节奏的现代都市生活中，人们在繁忙的工作之余，需要的是完全放松的娱乐休闲，很少有人愿意费尽心神去解读艰涩的文字，因此，过于艰涩的短信是不会有市场的。

而幽默既是语言人众化的一个表现，也是促使语言大众化的因素之一。在表达同样内容的前提下,语言幽默的短信要比平实无趣的短信传播的速度更快,传播范围也更广。

譬如,2003年北京“非典”期间流传着这样两则短信:

近日“非典”鼓噪,飞沫肆意胡闹,不妙,不妙,身体健康重要。出门要戴口罩,无论男女老少,走俏,走俏,天下一般容貌。

近日京城“非典”横行,大家要注意身体健康,无论男女老少,出门要戴口罩。

显然,第二则“新华体”的短信产生的效果远远不如第一则“仿词体”的好。人们在收到第一则短信时就会下意识转发给他人,而第二则短信的待遇是被顺手删除。

同样是以上这则“非典”短信,反映了短信的另外一个很重要的特点,即内容的即时性。短信是以传播信息为目的的,因此,当前发生的许多重大事情往往会体现在短信中。

再比如在2003年的“非典”阶段,短信就扮演着双重的身份。

在“非典”初期,短信是“非典”疫情谣言的散布工具,闹得神州上下人心惶惶。而在“非典”中后期,短信则变成了缓解民众的紧张情绪,使国人能够“笑傲‘非典’”,度过那个非常时期的有效工具。这种与时事相关的短信往往是以幽默、打趣的形式出现的。

比如表现温情关切的:

月色浓浓如酒，春风轻轻吹柳，桃花开了许久，不知见到没有。病毒世间少有，切忌四处游走，没事消毒洗手，“非典”莫能长久。闲来想想好友，祝愿幸福永久。

考据“非典”的：

据考证，最早记载“非典”的文献是《三国志》，曹操遭东吴偷袭，幸有典韦舍命护卫，操脱险后哭道：非典，吾命休矣。

“非典”处方：

取大蒜一两，大葱一两，臭豆腐两块，将大蒜大葱捣碎，与臭豆腐搅成糊状，一半内服一半外敷于双颊，每日一剂，为自己制造一个方圆10平方米的隔离区。

另外就是像前面所提到的诗词唱和等。这许许多多或插科打诨或深情款款的幽默风趣的“非典”短信是“非典”时期人们的“心灵鸡汤”，是危难面前人们依旧坚强的明证。这时候，短信帮助人们战胜的不仅是“非典”，还有谣言、恐慌、软弱和冷漠。

这些传播甚广的成功短信大多或者压韵，或者夸张，或者讲求格律，或者制造悬念……它们都是严格以70字为限编制出来的。由于字数的限制，必然要求人们在使用短信或写手在编写短信时尽量做到言简意赅。于是,原本在文学中用以凝练文字、丰富内蕴的各种修辞手法,在短信这一新的天地中得以大展手脚。所谓70字文体的重要标志,就是它充分地运用了各种修辞手法,譬如排比、顶针、夸张、比喻、拟人、对偶、借代、双关等,使得短信语句铿锵有力、朗朗上口。试举几例:

押韵:

天涯何处无芳草,要找别在单位找。本来数量就不多,何况质量也不好!

排比:

盐水漱口、流水洗手,多水多休、戒烟戒酒,慢跑快走、通风气透,少见朋友、心情莫愁,坚持长久、健康无忧!

谐音:

狮子和熊分别在果树旁方便。一个月后发现狮子方便过的树比熊方便过的那棵长得粗壮。于是人们总结出一句经典的传世格言:狮屎胜于熊便!

如果我是狐狸你是猎人你会追我吗?如果我是茶叶你是

开水你会泡我吗？如果我是钱你是账户你会娶我吗？如果你是汽车我是司机我一定会驾你的！

夸张：

我决心要为全国人民做三件大事：给珠穆朗玛峰修电梯；给长城贴瓷砖；给飞机装倒档。做三件小事：给苍蝇戴手套；给蚊子戴口罩；给你喂点猪饲料。

节奏感鲜明的短信不仅让人在阅读时能够产生审美的快感，而且让阅读者即使不能做到过目不忘，至少也记忆犹新。

悬念的存在是许多短信之所以出彩的重要因素。许多短信都因为其巧妙的悬念和转折得到"热传"。悬念在娱乐整蛊短信和荤笑话中出现的频率最高：

剥去你的外衣，你是那样的白嫩，浑身散发着淡淡的清香。舔一舔，再舔一舔，然后咬上一口，我的心像是飞到了九霄云外——啊！粽子，我的至爱！

我一直想说三个字，可你知道它的分量，我怕一说出咱们连朋友都没法做了。可我控制不住感情鼓起勇气对你说：还我钱！

都说流星有求必应！我愿在星空下等待，等到一颗星星被我感动，为我划破夜空的寂静，然后让它载着我的祝福，落在你熟睡的枕边……砸死你。

短信前后内容的巨大落差常常会使阅读者恨恨不已，然而却不得不为文字游戏本身的巧妙而拍手叫绝。这种出其不意的蛊惑陷阱往往出于人的“恶”的本性和“游戏”的本能。

其次，70字短信的内容充斥着浓郁的民俗气息。

70字文体的另外一个明显的特征是它用最朴素的语言表达了平民最现实的欲望和需求，生动准确地反映了当代平民的生存状态。

希望2002年，领导顺着你，汽车让着你，钞票贴着你，公安护着你，房产随便你，小秘跟着你！

最简洁的语言，让我们在电子数字的冰冷面纱后，看到了人们掩饰不住的热气腾腾的欲望，关于金钱，关于权力，关于性……

对金钱和权力的追求是许多现代人生活的基本目标之一，故而，在短信里对这两者的热望和对自身生活状况的不满，无异于是最普遍的：

天苍苍，野茫茫，今年的希望太渺茫。水弯弯，路长长，没钱的日子太漫长。楼高高，人忙忙，恨不得去抢银行。

祝你位高权重责任轻，钱多事少离家近，每天睡到自然醒，工资领到手抽筋，别人加班你加薪！

办事处处顺，生活步步高，打牌场场胜，口味顿顿好，越活越年轻，越长越俊俏，家里出黄金，墙上长钞票。

在这些朴素的言词中，充斥着悲情式的“黑色幽默”。平民百姓生活的困窘和无奈溢于言表。和众多的“张大民”一样，他们对生活的要求是那样的简单，心目中的“幸福生活”又是那样的实在。文字是朴素的，欲望是简单直白的。在相互的祝福和倾诉中，短信给予了平民百姓一个打趣式的发泄平台。

对社会腐化现象的不满和埋怨，是平民百姓日常生活中不可或缺的一部分，短信中自然也有所体现：

握着上司的手，点头哈腰不松手；握着纪检的手，浑身上下都发抖；握着财务的手，拉起就往餐厅走。

一心想上，两眼望钱，三餐公费，四处游骗，五毒俱全，六亲不认，欺上瞒下，八面玲珑，九居要职，十足贪官。

有些干部真奇怪，五六十岁才变坏，唱歌专唱迟来的爱，跳舞专抱下一代。

短短的几十字里，贪官污吏钻营苟且、欺上瞒下的勾当和嘴脸被刻画得栩栩如生。应该说，人们对官场腐化的牢骚愤恨并非今时今日所独有，而是亘古有之，延绵不断。这种普遍存在的不满没有确切的针对性和具体的攻击目标，因此，它的内容没有隐私，可以得到广泛流传。在短信未出现之前，人们往往以民谣、谚语的方式口耳相传。因而，它既属于一种民间的大众传播，也属于一种人际传播。而短信恰好融合了人际传播和大众传播的种种优势。一方面,短信是私人财产,手机点对点的传播自然属于人际传播;另一方面,短信传播之快捷广泛也适合于大众传播。于是,短信轻而易举地闯入了这个任何朝代的主流媒体所不能涉及的"禁域",为这种无现实目的性的埋怨提供了一个最佳的宣泄方式。

另一方面,作为一种民间文化,短信充分体现了民间的智慧和古典语言特色。

古典诗词的言简意赅与短信不谋而合,因此,从古典诗词或民间俚语中寻找灵感或者直接借用,是短信写手十分钟爱的。短信写手在短信这个时尚的酒瓶中倾注了许多古典与民俗的佳酿,将传统文化和现代时尚巧妙地结合在一起,使得这类短信既贴近生活,又优美含蓄,韵味十足。

短信沿袭了许多民间俚语、传统箴言和古典诗词。无论逢年过节的祝福,情人的相思蜜语,还是朋友的激励鼓舞……中国五千年的悠久民间文化和灿烂的古典文学宝库,都为短信写手和短信用户提供了取之不尽的资料源泉。

岁末寒冬,年节将至。除旧布新,国泰民安。风调雨顺,福降众生!

千里试问平安否?且把思念遥相寄。绵绵爱意与关怀,浓浓情意与祝福,中秋快乐!

昨夜星辰昨夜风，画楼西畔桂堂东。身无彩凤双飞翼，心有灵犀一点通。

无论《诗经》、《论语》，唐诗宋词，还是形式各样的对联俗语，短信写手信手拈来，不亦乐乎。

吟诗诵词，自古以来便是件风雅之事，发送这类词句优美的短信，最明显的目的自然是显示自身的品位和素质。

西方文化的侵入，在很大程度上改变了现代中国人的审美标准和情趣。但是，古典诗词作为一种"根文化"，作为中国的一种传统的审美精神，早已渗入中国人的血液里，人们对古典文化只是淡漠，决无排斥反感。在大多数人眼里，欣赏古典诗词和迷恋杰克逊的音乐并无冲突，两者截然不同但都是享受。但现如今生活中西方文化的比重似乎越来越重，色调越来越浓。因而，当古典诗词以短信这种现代方式传播时，无异于是在浓重的西方文化氛围中吹入一股清新之气，令人有耳目一新之感。这是古典诗词短信受到普遍欢迎的原因之一。

直接引用古典诗词和民间谚语可使词优句美，意蕴深远，但是，总免不了有抄袭之嫌。于是，人们充分发挥了填词写诗的潜能，在古典诗词格式里添入时尚新鲜的血液，使古典诗词变得"年轻"起来。且看这三首典型的"填词"：

明月几时有，把饼问青天，不知饼中何馅，今日是莲蓉。我欲乘舟观月，又恐飞船太慢，远处不胜寒。（水调歌头）

风雨送春归，"非典"迎春到，已是市场低迷时，犹有口罩俏。俏也不争春，只把疫来报，待到五

一休假时，唯有药店笑。（卜算子）

今日北京，千里病风，万里菌飘。望长城内外，人心慌慌，京城上下，顿失吵闹。吃板蓝根，服维生素，欲与SARS试比高。（沁园春）

在古典词牌这一“严肃”的框架中大行搞笑之能事，无疑能使“诙谐”的意味显得更加浓厚，或许在许多古典文学学者眼里这是极为不敬的。且不论这种商业化的“文字游戏”究竟是对古典文化的传扬还是摧毁，至少在西方文化的包围中，这些古远的格律仍然会被拾起，这已然是不幸中之万幸了！

那么，这些“带着镣铐跳舞”的短信是否能成为短信文学登入文学的殿堂呢？文艺界似乎为此争论得面红耳赤。

2004年6月，由海南移动公司与国内著名人文刊物《天涯》杂志、海南在线“天涯社区”联合举办了全国性的首届短信文学大赛，并邀请国内重量级文学权威担当评委。据说本次大赛的意义在于发掘具有广泛流传价值的短信文学经典作品，同时欲开拓继网络文学之后的文学新品种——短信文学，掀起拇指文学新高潮。

这场比赛搞得热热闹闹风风火火，但所谓“短信文学”的提出引起的争议也纷纷扬扬。此次大赛对稿件的字数有较大限制，小说、散文不得超过210字，以70字为佳；诗歌不超过16行，以8行为佳。这么短的篇幅，的确很容易让人对于它所能表达的文学内容的涵量和深度产生怀疑。然而，文学的价值不在于它的长短，不是说短的东西就成不了经典，也不是说越长的东西就越经典。事实上，文体的篇幅限制反而有可能激发作者的创造力，产生好的作品和新的特点。谁能因为唐诗宋词的篇幅短小而怀疑它们的文学性呢？尽管从当前的情况看来，短信这种“70字文”不能与唐诗宋词相提并论，但是，谁又敢肯定，五十年以后，一百年以后，短信不能成为一个传扬千古的文学文体呢？

当前的网络文学似乎正在把传统文学引向一个零散、极端个人化和长篇幅的方向发展，而短信文学因为自身篇幅上的局限必然要求其作品必须精悍短小，这或许对于越写越长的传统文学来说绝对是个较大刺激。

有人评议说道，从该文学大赛征集到的作品来看，有小说、散文、诗歌，但都难以摆脱短信的烙印——“口水”四溢。但是，文学本来就应该是大众化的“人学”，《诗经》不也只是种种民歌的汇编吗？“窈窕淑女，君子好逑；求之不得，辗转反侧”不也一样是口水化的文字吗？咬文嚼字、堆砌华丽辞藻的汉赋最终又得到世人多高的评价呢？

如果短信真的可以成为一种新的文学体裁，将文学创作的权利交付普通民众，在这物欲横流的工业时代，难道不是件好事吗？即使今后的发展证明，短信由于商业化气息过浓，无法承载普及文学、传承文学这一重任的话，那也于事无妨、与人无碍。我总怀疑那些对力求将短信推广成文学体裁的行为冷嘲热讽的人的用心到底是什么，为显示自己的高雅和高瞻远瞩？在我看来，为短信文学是否成立而大动肝火实在是无聊之举。

除了纯文本的短信外，人们还将各种符号引入短信中，在这有限的空间内构筑更活泼的内容：

除了借用网络聊天的符号语言以外，如：:-)表示微笑；:-(表示不高兴；:-o表示惊讶；;-)表示眨眼；;-D表示开心大笑

等,短信还有许多具有动画效果的符号语言。短信写手充分利用键盘上简易的电脑符号制造出各种逼真的形象,令人忍俊不禁。如:

/)/)　　/)/)
(-.-)　(-.-)
?c-)　　?c-)送两只兔仔给你,愿你每天笑容满面!哈哈嘿嘿!

><(((:>。。。。 <:)))><送你一条健康鱼,再加一条快乐鱼,把它养在手机里,让它保佑你,平安度过“非典”期!

我时常想画一幅你的肖像带在身边,远离你的日子便不会太想念,经过N个日日夜夜,我终于绘出了你的模样!

<). " " .(>
((..))
送你一支花,—<—<<—@祝你心想事成!

这些是附加文字的符号形象,文字是内容,是点缀,也暗含着解释的功能,辅助习惯符号短信的人进行理解。

更多的是直接的具有闪动效果的图片,如:

爱心跳动的美女:

~~~//)))

~~,　e(

　~+_/　("_")

~/　/　　"_"

眉目传情的美女：

(e

　　-;)

(e

符号短信体现的是一种图形思维，是对文字和单个符号的单一逻辑的突破。符号短信从线形排列发展到二维思维，从单一、意义固定的符号到整体性强的图形的构成线条，将两种性质相异的东西组合在一起，从而达到新异的效果。并且有一点是肯定的，这些奇形怪状的符号图像，它们的字符总数都在70字以下！面对着各种形式各异、生动逼真的符号图像，我们无法不佩服创作者的创造力和想象力。

符号创作也好，文字创作也罢，不管短信文学是否成立，短信是个独特的文体却是不可否认的。70字限制了短信内容，却也造就了短信的独特个性。其实新颖的外衣里面大多还是些老的俗的东西。故事新说这壶新酒还是值得让人浅斟低酌的。
~~~

第三节 狂欢的舞场 涂鸦的天堂

70字文体的出现,使都市人的情感欲望得到了赤裸裸的表达。人们借助短信这种体裁(文字形式),进入一种狂欢节式的狂欢氛围、节日氛围中。全世界的手机用户,无论男女老少,都加入到这个狂欢的阵列中来。在短信世界里,人们肆意放纵着自己的情感,在这个没有权威的创作空间中充分发挥自己的创作才能。新闻资讯也好,问候也好,整人也好,荤笑话也好,短信中的嘻笑怒骂都要比现实生活来得热烈而放肆,人们的思想、情感在短信这个数字世界里恣意狂舞。

一、奔舞狂欢的体裁

短信作为一种新形式的文字载体，在一夜之间红遍了大江南北。和对联、打油诗、字谜一样,其实真正算来,它们并非严格意义上的文学体裁,很难与小说、散文、诗歌齐名,但却无可厚非地是文字表述的一种格式。因此,在本文中就暂且将其定位为一种独特的现代体裁,并继续沿用上文中"70字文体"的说法。

自仓颉造字起,人类便利用文字多方面的用途,例如传达讯息,与大众沟通等。广泛的使用使文字得到精细研究、粉饰玉砌,成为人类生活的一部分。不少文学家写下一字千金的文章,名留后世;有些人以文字为游戏，以资娱乐。自古以来，中国人就很擅长于玩文字游戏，从民歌、字谜、打油诗到对联、诗歌甚至姓名学，一直到如今各类报纸上的“小强填字”，层出不穷、代代相传。

中国语言文字其韵律、韵味之美，其文字所涵内容之丰富性，寓意之深刻是其他文字无一可比的。古代的文人墨客、才子佳人从小在文字游戏中熏陶，因此十分善于文辞，特别善作诗文。古代的文字游戏有许多花样，如诗钟、灯谜、字谜等。这些文字游戏妙趣横生，足以启发人之智慧，陶冶性灵。游戏玩到今天，就演变为玩高科技手段——手机短信了。古人绝对无法想象到没有笔墨纸砚，也可以随时随地把玩文字游戏并将其记录下来，与相隔千里的人共享。手机短信从本质上看是一种古老的文字游戏的延续和演变，载体不同，记录方式和传播方式不同，但其本性却是一脉相承的。

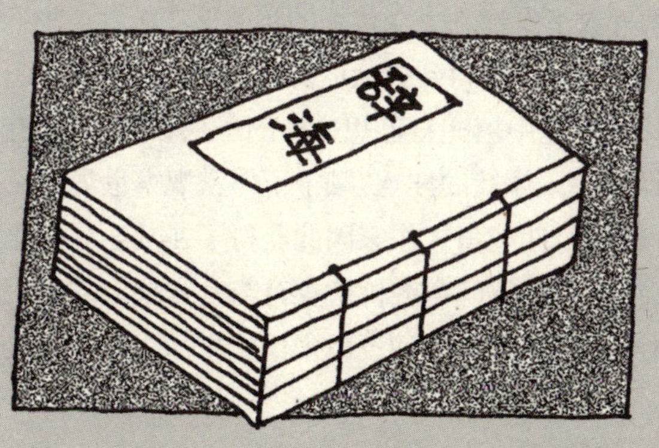

短信——文字游戏

所不同的是，古代的文字游戏只是少数士大夫的专利，而短信游戏则是大众的、平民化的游戏。如今，游戏玩的频率高了——有的短信狂热者每天要发几百条短信；参与游戏的人多了——在中国，短信有将3亿个使用者。发短信成为一场不自觉的大众狂欢，大街上满眼可见的“拇指一族”，成千上万的人在不同时间不同地点、不同时间相同地点、相同时间不同地点或相同时间相同地点内做同一件事，如果飞机可以俯拍到这样一个细致而宏大的场面的话，这种下意识的大众游戏的规模可真是蔚为壮观。

在全社会的短信狂欢下，短信这一体裁本身也进入狂欢化状态，短信被任意地填充进芸芸众生的思想、情感、意念、行为……荤的素的、真的假的、虚的实的，70字文的触角无所不及，形式也更加不拘。手机是纯粹的私人物品，短信则是依附于手机中的一种更为隐私的通讯手段。因此，正如前文所述的，短信既是人际传播，又是大众传播，人们往往在短信人际传播的外衣下发挥它大众传播的实质性功能。一些不可登堂入室的言语在“第五媒体”中得到极为广泛的传播。人们可以恣意往短信这个70字文体的躯壳中填充自己想表达的思想和内容，拥有了某种程度上的“治外法权”。体裁的狂欢“赋予了作家观察世界的民间的底层视角，或者一种相对性视角。作家因此获得了在其生存历史上争得的‘治外法权’，他可以超越既定的价值规范与官方钦定的意识形态视野，按照生活自身的规律与体裁的逻辑来反映生活”[①]。也就是

① 王建刚:《狂欢诗学——巴赫金文学思想研究》,149页,南京:学林出版社,2001。

说，体裁的狂欢化使创作者（短信的使用者）拥有独特的“治外法权”，因而写作更加自由，内容更加狂欢，狂欢的氛围越加浓烈。

在短信这种体裁的狂欢中产生了真正的狂欢化体裁：讽刺性摹拟。“所谓讽刺性摹拟，就是指对某一现成的确定的对象进行戏仿或笑谑，以取消它的唯一性和自足性，使它相对化。讽刺性摹拟是一种来自外部的力量，它能给因日益封闭自守而渐趋僵化的对象注入活力，使它具有强烈的当下性和现代感。”[①]我们前面所举的套用诗词的例子，便是所谓的讽刺性摹拟。

“对现成体裁的讽刺性摹拟，并不是单纯地否定所摹拟的体裁，而是要促成它的更新，因为讽刺性摹拟与狂欢节的世界感受紧密联系，也与狂欢节生活的精神相通。”[②]

吟诗诵词，原是古代中国人必备的一种能力，是当时任何知识分子不可或缺的生存技能。然而五四以后，人们逐渐淡漠了诗词，现代社会里除了大学中文系的师生偶尔会将其翻出来暴晒一番，几乎没有人会再费心去学习平仄押韵、格律词牌。但是，短信却使诗词神奇地复活起来，并以全新的面目出现在世人面前。应该说，这种摹拟的确带有一定的讽刺色彩、狂欢性质，它解构了中国社会千百年来积淀起来的诗词的神圣地位，使其沦为一种游戏，一种民间相互取乐的方式。但是，人们无疑也从这个文字游戏中重新认识了诗

① 王建刚：《狂欢诗学——巴赫金文学思想研究》，151页，南京：学林出版社，2001。

② 同上，151~152页。

词——原来诗词还可以这样被填写。而诗词本身,事实上也回归到它的本质:一种民间文艺。正如中国诗歌的宗祖《诗经》一样,它们都应当是广大普通民众最原始的本能、最自然的心声。

短信将诗词拉到了现代社会,披上了高科技的外衣。现代人在短信狂欢中无意间拾起诗词这种体裁,借助它玩一把文字游戏,使其成为一种狂欢化的体裁,从而在这狂欢化的体裁中享受"治外法权"的快乐。

"'治外法权'还是一种力量和视角,是一种与狂欢化体裁共生的世界感受,它使作者在自己的时代获得了这一时代禁止的'话语权',从而使创作能在充满禁令的官方世界里游刃有余。其实,'治外法权'更是一种境界。具体到文学创作上,治外法权给了'虚构以绝对的自由'。"[①]在短信世界里,人们利用这种狂欢的氛围,利用节日狂欢的权利和自由,表达了自己深刻的批判态度和自己更美好的愿望,于是,"自由"与其说是短信写作的外在权利,不如说是它的本质。

二、把玩"文学"的潘多拉

许多年前,当网络文学横扫中华大地时,许多人高呼:创作最高的自由境界时代到来了,声称:网络把地球变为"村落",网络文学则像部落间的乡间小道传唱一样声声唱和。而手机短信的到来,则让以"创作

① 王建刚:《狂欢诗学——巴赫金文学思想研究》,150页。

自由”为牌头的网络文学相形见绌。

短信创作与网络创作在创作自主权上有太多的相似：以往的文字创作没有发表的途径，无论你多么才华横溢，无论你的思想多么惊世骇俗，你要发表自己的文字，往往都要屈从于权威的认可，要么就要砸锅卖铁自己想办法去发表在地下刊物上。网络文学和手机短信的出现让文学天才有了大展身手的天地。假如你只是纯粹的文学青年，只是纯粹地喜欢文字，喜欢表达，而不去计较得失成败，不追求文字背后的功名利禄，那么，一个网络或一部手机，便足以实现你的简单的愿望。无论在网络上还是手机上，都没有权威的声音阻挠文字的发表。

然而，短信毕竟不同于网络文学。网络毕竟是少数人的游戏，它需要资金，需要知识；而手机短信的要求要低很多，手机的普及率远远超过电脑和网络，短信的发送量远远超过上网发帖的数目。因而，无论是从创作者范围还是受众的范围来看，短信的普及率都要远远超出网络文学。从文字发表和传播的自由度来看，手机短信也要远远高于网络文学。在网络上，尽管没有纸介出版物那样的编辑的修改和权威的审批，但至少还有“斑竹”，网络服务商还要考虑诸多因素，以保住自己的饭碗。因此，过激的言论（政治的或者性的）总是会被在第一时间删掉。而短信就不一样了，你有自己的观点和想法，想怎么写就怎么发，谁也阻止不了。而且发送的范围可以随心所欲（这也是造成诸多短信诈骗的根源）。所以从内容的自由程度而言，比起网络，短信还要略胜一筹。

于是，打着自由创作的旗号，短信在神州大地风起云涌。而当写短信已日益被中国百姓所接受并超大范围地普及开来后，另 新新事物——短信文学又新鲜出炉了，乃至发展到今天的短信小说。

经过四五年的发展，短信写作也从原初单纯的幽默性和诙谐性中走了出来，开始逐渐体现为一种个性鲜明的文本，正如本章第二节所说的，短信成为一种文体：70字文，并且从内容上逐渐向传统文学靠拢，从而具有了所谓文学的某些品质。于是，"短信文学"这一新概念也开始登堂入室。

2004年6月的全国性首届短信文学大赛，不仅响应者众多，而且参赛作品的数量与质量都大大超出了主办方的预想。随后，各种媒体和众多网站也纷纷以不同的形式，为短信文学的创作摇旗呐喊，一时间，短信文学大有星火燎原之势。

综观短信文学的文体形式，可以说出现得最多的是诗歌。诗歌语言的精短含蓄和分行排列特征，决定了它能在短信文学中发挥主导作用，故而成为最受手机读者欢迎的一种文体。有人甚至预言，随着纸质媒介诗歌作品的日渐式微，手机诗歌将迎来空前的繁荣时期。基于70字的短信文学无论文字怎么鲜活，行文怎么生动，它始终都是短信的一种，如果没有短信"短"、"趣"、"智"的特点，那它也就没有立足之处。而诗歌恰恰是体现这三大特点的最佳载体。君不见，良辰佳节里发送量最多的祝福短信、问候短信，多是以诗歌为载体的短信，其押韵、排比、对偶、隐喻比起一般的诗歌来，也逊色不到哪里去。

尽管短信诗歌备受欢迎，但引起大范围轰动效应的，却是短信小说。如果说短信创造了电信收入的奇迹，那么短信小说则创造了短信写手的收入奇迹。

2000年1月，日本一位业余作者突发奇想，通过手机连载方式发表小说《深爱》，一年内预订这篇短信小说的读者就突破了200万人。2004年上半年，广东文学院签约作家千夫长也创作了中国首部短信连载小说——《城外》，并被北京华友世纪通讯有限公司以18万元的高价独家买断了“无线版权”。紧接着，“中国第一短信写手” 戴鹏飞也推出了他的第一部手机小说——《谁让你爱上洋葱的?》。近日，又有掌上灵通和台湾希易信息公司在两岸联合推出《距离》，以号称“中国第一部真正意义上的手机小说”登陆市场。金山公司又推出全国第一部三国题材的短信小说《爆笑三国》……且不论这几家为“第一部”的名头打得热火朝天，仅这几部小说的售价就让人瞠目结舌，即便用“一字千金”来形容也不过分。就像当年疯狂瓜分短信市场一样，现在服务商都挤破了脑袋来争夺短信小说这块新出炉的大蛋糕。

比起诗歌这个原本就以“短”见称的形式而言，短信小说更是带着镣铐舞蹈。诗歌似乎没有什么固定的内涵，只要句式上有规律，或有参差，大抵就可以往诗歌这个大筐里扔。而小说就不行了。小说必须有一定情节及一定字数才能被认同，微型小说的概念提出了很久也反响平平，没有什么大的建树。因此，仅70字容量的娇小短信能否承载小说这样宏大的体裁，自然就成为人们争议的焦点。然而争来争去，不管身份合理与否，短信小说的广告宣传蛮横地冲进人们的视线、听觉和大脑，于是短信小说的说法也就为人们所默认，再去争议它的合理性，在这日新月异的时代似乎就显得古板可笑了。

有了默认的身份证后，人们又开始探讨短信小说获得或者即将获得的成功的原因。从内容上看，短信小说像是微型小说。短信之所以得到年轻一代的追捧，最主要是由于短信的幽默和无厘头，文字短小精悍，插科打诨之间，尚有些小哲理，特别是一些带有悬念的短信，更是大受欢迎。小说这个载体本身就具有曲折跌宕的情节。于是融合了短信和小说元素的短信小说自然就必须具备一定的涵量，不断以悬念等形式制造出可以吊起读者胃口的东西，从而引起读者的阅读兴趣。要在有限的字数内达到这样高的要求，对作者锻字炼句的功底无疑是一个严峻的考验。

任何连载的故事，总是能牵引着人的心绪，这也是吸引读者的百试不爽的绝招。正如昔日古书中说到的：欲知后事如何，且听下回分解。说书者这个“下回”说来容易，可听者却得为之牵肠挂肚，食不甘味。待得知了“下回”，又会为“下下回”辗转反侧，直至故事结局，仍恍然若失，意犹未尽。回过头来看，这种牵挂的感觉实际上也很幸福，让人有所希望，有所寄托，从而充实且快乐。而今，这种小小的幸福却日益少了，无论小说还是电视剧，只要你愿意，就可以买下来一口气读完看完，哪怕花它三天三夜，看得筋疲力尽。然而，快餐式的阅读尽管可以让人吃饱吃撑，却丢失了期盼的快乐和牵挂的幸福，狼吞虎咽后总令人有索然寡味的感觉。短信连载小说拾起人们心中许久未有的那份牵挂，让在都市中匆匆奔命的现代人重温有所惦念的幸福。

短信文学从自发走向自觉，似乎给人们带来了某种希望与信心。文学在过去是一种特权，现在通过手机、电脑，只要有想象力和创造力，任何人都有权利创作，文学逐渐走下神坛、被日常化了。长与短并非文学的分界岭，长有长的优势，短有短的长处。短信是文学新的工具和载体，短信文学或许是传统文学的延伸，但绝不会取代传统文学。

然而，短信文学的长处也许就是它的短处。作为一种平民性和时尚性的大众写作，它注定要成为最大的电子垃圾场，而要在这个垃圾场中不断亮出耀眼的东西并不容易。毋庸讳言，平民的文学素养参差不齐，并非每个想创作的人都能写出好东西来。而喜新厌旧则是时尚的孪生姐妹，人们对短信文学创作的热度能持续多久，尚难预料。

其次是短信的有限容量，使某些文体的写作空间受到致命的影响，难以催生出优秀的作品。说得形象点，短信文学可能永远只是人们精神生活的一种“早点”，而非精神生活的“正餐”，正所谓“电子零食”是也。因此，说短信文学“将以一种全新的阅读方式挑战我们的阅读习惯”，或者“将以一种颠覆性的阅读方式风靡全国”，似乎还为时尚早。

三、主体模糊的全民创作

体裁的狂欢也好，狂欢的体裁也好，狂欢的世界里没有权威；短信小说也罢，短信诗歌也罢，短信文学里谁都是作者。在短信里，创作主体必然是模糊化的，人人可以写短信，人人可以发短信；人人都是作者，人人都是出版商。短信创作完全成为一种民间创作、全民创作，或者说是一种全民狂欢。在短信里，创作回归到它的游戏的本质，在人类文明发展中日渐积累而成的高不可攀的“创作”的荣耀地位被颠覆了，所谓的写作技巧、所谓的文笔在短信世界里黯然失落。创作被还原为人人皆有的本能。短信是酒吧里的白墙，是现代信男信女们随意涂鸦、恣意发泄的天堂。

短信作为一种集体狂欢式的文学体裁，呈现出主体模糊的全民创作性。尽管许多经典的短信都是各大网站聘用专职写手挖空心思、绞尽脑汁写出来的，但是，当前短信的传播却是一个版权法无法制约的领域。任何一个收到短信的人都可以顺手改写,并作为自己独特的创作转发出去。短信是一种普遍共享的信息,在短信传播过程中,原创作者的影子荡然无存。一则优秀的短信固然会博得许多的赞扬,但是,人们赞扬的是短信本身,而不是它的创作者。不会有人去追问它的原创者是谁,而它的原创者也难以追究他的作品受到多少次的转载或转发。在短信收发过程中,创作主体的界限是极其模糊的。德里达说:"集体创作成为一个不可回避的事实,在创作的过程和发布中,无数的人将加入到这个创作行列里。"[①]在日常的手机短信交流中,我们会发现许多形貌相似的短信,譬如:

> A:小狗问妈妈快乐在哪里?狗妈妈说快乐就在你的尾巴上。小狗掉头咬尾巴,一会儿,小狗高兴地说:哦,快乐就是追逐的过程。
>
> B:小狗问妈妈幸福在哪里?妈妈说在你的尾巴上。小狗就用嘴咬它的尾巴却总咬不着。它沮丧地告诉妈妈我抓不到幸福。妈妈笑笑:只要你往前走,幸福会一直跟着你!

这些形貌相似版本不同的短信就是无数短信用户在相互传递中不断修改、不断再创作的结果。正像口耳相传的史诗一样,它们总是被

① 戴晓华:《狂欢诗学、德里达和超文本——关于网络时代的文本创作分析》,《鲁行经院学报》,2001(5)。

不断地充盈润色，不是个体创作的产物，而是广大民众集体智慧的结晶。

在这种民间创作中，文学狂欢的种种原则，譬如无等级性、宣泄性、颠覆性、大众性等，都在短信这个体裁书写中得到充分的体现。

短信的大众性是不言自明的。当前中国有3亿的手机用户，就算只有50%的手机用户使用短信，其创作队伍也是相当的庞大，且这部分手机短信用户遍及社会各个阶层，政客、商务人士、蓝领、教师、学生、民工、农民……但凡有小学以上文化水平的，都可以成为短信创作、发送队伍的一员。此是短信创作的大众性。短信的创作内容也是无所不及，从网站上传播的幽默笑话、节日祝福、谈情说爱……到现实生活中的聊天、通知、交际等，几乎没有不能涉及的领域，这些领域都是百姓日常生活的点点滴滴，充斥着老百姓的酸甜苦辣。故而短信的创作思维，也同样是下里巴人的、平民化的思维。没有高尚的言说，没有严肃的教化，它的逻辑是朴实的，却时常有聪黠的包装一抖，闪耀出平凡而智慧的火花。短信的大众性又有其独特的一面：它表现的是一种集体无意识的自言自语。大多数人在编写或修改短信时，并没有意识到自己是在进行创作。

短信的无等级性表现在任何人在掌握基本的文字表达的前提下，都可以自由地加入到短信的创作中来。在短信这个开放的领域，作家的地位已经被完全消解，网站的短信写手固然是最主要的短信原创者，但是，相对于成千上亿的短信用户来讲，他们的力量显得相对微弱。如果没有短信用户（非专职写手）大量的转发和再创作，短信绝不会发展到如此蔚为壮观的规模。在短信这个权威丧失的领域，只要是优秀的作品，都可以得到充分的认可和传播。

短信的无等级性还表现在当前还没有对短信优劣的界定标准。搞得轰轰烈烈的2004年全国短信文学大赛似乎想在这一领域做出努力，但事实上，大赛的评委仍然是所谓的“文学大家”，大赛的实质仍然是以传统的评判文学的眼光和标准来界定短信的好坏优劣。从这个意义上来说，这次大赛是失败的，短信既不同于网络文学，更不同于以往的传统文学。以评判传统文学的眼光来评价短信，等同于念着紧箍咒来扼杀短信的发展。短信的写作是那样的自由散漫，以至于引起那些害怕短信处于无组织纪律性的杂草丛生状态的文学权威们的极大恐慌，于是他们很想用某些方式来“引导”短信的“正确”发展。然而，赛也赛了，评也评了，奖也奖了，对短信的规范和引导的作用却微乎其微。短信的发展是如此的迅猛，短信的创作队伍是如此的庞大，这不是单凭一两位传统文学巨匠就能对其定性定论的。什么是短信世界里的权威？短信世界里的等级，恐怕不是一两次传统的文学大赛就能确定下来的。

在短信一切平等的无等级性上，自然而然地衍生了推翻一切权威的颠覆性，在这里既有的作家体系、文体规范、思想背景以及交流方式都在被重新构造。在短信圈里，只有短信写手，没有短信作家。何谓“写手”？也就是为了写而写，为了钱而写的人，没有刻意地拔高调子，没有“创作是为了揭露什么、传扬什么、拯救什么……”等崇高的目的和虚伪的宣言。能够博人一笑，提高点击率，最终多赚点钱，就是写手的终极目的。再厉害的写短信的人，充其量也只是个写手。水平再高，创意再新，文字再优美的写手，也只是写手，不会变成作家。因此在写手圈里，有能力高低之别，却没有“体系”、“派别”之分，并且写手往往是所谓的心高气傲的新新人类，让他们佩服他人已是相当困难的，更不用说屈从于哪种权威了。

以往文学界所强调的思想性，在新新人类看来，是毫无意义甚至滑稽可笑的，背负着“没有信仰的一代”的名头，他们并没有觉得有何不妥。现如今相信不会再有人把思想价值的高低作为评价一则短信好坏与否的标准吧。而以往的文体规范同样在短信创作者和发送者的颠覆范围之内。70字的短信容量本身就不大，为了更方便地表述，以往的书写规范自然被弃。短信的语言口语化起来，比聊天灌的水还多，而书面化起来，则让人咬文嚼字，摇头晃脑，甚至不知所云。正如上节所说的，短信和网络BBS、聊天一样，所用文字可谓多姿多彩，所用的句式可谓五花八门，错字、别字、同音字，英语、汉语，字母、数字、符号，什么样的组合、排列都可以在短信里找到。

短信是一个没有等级、没有权威甚至鄙夷权威和规范的世界。以往的作家体系、文学派别在短信世界里分崩离析，文本规范、思想导向、交流方式也荡然无存。

任何文学作品都具有一定的宣泄功能。民间文学作品则是普通平民百姓发泄的最佳平台。正如我们前面所论述的，短信在实质上是一种更为私人的民间文学体裁，因此，短信自然就承载了更多的个体宣泄的功能，包括性欲、不满、交际需求等。这部分在前面几章已作了重点分析，这里就毋庸赘言了。

事实上，短信是一种文字涂鸦。唐人卢仝有诗云：“忽来案头翻墨汁，涂抹诗书如老鸦。”而后“涂鸦”逐渐发展成信手涂写的意思。千余年后，以“涂鸦”命名的一种视觉文化形式席卷东西，成为年轻人标榜个性、张扬青春的新式符号。这些极具想象力和冲击力的信手一涂，已经越过了案头的白纸、街道的灰墙以及网络的涂鸦板，冲到了城市公众文化的面前。在国外，涂鸦甚至已经走入了绘画艺术的主流圈。城市中，涂鸦文化正在无声而又疯狂地蔓延着。君不见，在一些酒吧里，街头男女的文化衫上，汽车的车身上，到处都可以看到涂鸦的痕迹。不妨将涂鸦分为两类：一为图画，二为文字。在任何“涂鸦墙”上出现的文字都无外乎许愿、表达爱憎、倾诉压抑和不满等，短信同样充当了“涂鸦墙”的作用。通过发短信来进行心理宣泄、情绪调节已不再是件稀罕的事，人们早已习惯于用这种最直接的联系方式，引发发自内心的振颤，用指间的触动传递最真实的心情告白。并且，在随意的涂鸦中，往往会迸射出思想的火花，创造出不可预料的点子来。许多短信写手的创意，都是在随意的涂鸦中产生的。

为什么短信能够实现它的无等级、颠覆权威、自然宣泄等一系列特质呢？这归根结底是由于短信是一种最私人的通讯方式。如今人手一机，谁也没有能力控制全民的思想，因此没有人有权利，也没有人有能力对短信的写作方式或表达内容进行任何限制。（即便是国家有关部门对网上传播的内容有所限制，但终究对手机点对点传播的内容无可奈何）

自由是短信写作与生俱来的特性，创作限制在短信世界里不起作用。表达自由得到了前所未有的哄捧。表达是人生而具有的权利和能力，即使是聋子哑巴，也会寻找各种方式来表达。人类因表达而尊贵。每一个人也因为表达而成为千姿百态的、独一无二的个体，没有任何力量能够剥夺一个人表达的权利。表达是宣告个体存在的方式，在表达中，人的生命价值和尊严也由此得以彰显。人类的创造力和想象力就是在寻求表达的可能性的过程中得以发挥的，如果人类失去了对表达孜孜不倦的渴望，那么人类文明的历史也就停滞了。任何专制和极权的力量，不管它们有多么巨大，也不能消解人类与生俱来的表达的需要。

说的欲望，写的欲望，发泄的欲望……汇聚为涂鸦的快感，于是自由，于是快乐，于是满足，于是幸福……借助短信，人们可进入一种创作狂欢化的状态，人人畅所欲言、无所顾忌，分不清谁是创作者谁是阅读者。在短信世界里，人人尽情地发挥着创作的本能，享受着创作的快感。这是一个快乐、民主、平等、充满创造性和智慧的世界。

第五章

短信——你发　我发　大家发

恐怕很多人选择短信作为沟通工具的初衷都是因为短信实在很便宜,对于现代人来说,一毛钱不过是毛毛雨。不过,手机一族可能没有想到,就是这一毛钱却救活了处于水深火热之中的网站,让手机生产商喜上眉梢,让电信运营商狠狠赚了一笔。

由网络运营商、服务提供商和终端生产厂商共同形成的新型产业链的顺畅健康是短信息成功发展的重要原因。在这个新型产业链中,移动数据业务取得了巨大发展,运营商、服务提供商和手机厂商都从中找到了新的业务增长点,且获得了很大的利润。在这种新型的商业模式中,中国移动扮演了网络运营商的角色,提供网络支持;而具体的服务则由服务提供商提供网络。运营商、服务提供商、手机厂商各司其职、各得其利。正是这种合理的分工合作,在造就了短信息这个大蛋糕的同时,也培养了像新浪、搜狐、腾讯网这样的专业无线服务提供商。

第一节 喜上眉梢——手机生产商

手机是发送短信的物质基础，如果没有手机制造商制造的手机，电信运营商和短信服务商也只能是纸上谈兵。在波涛汹涌的短信淘金潮中赚钱的永远是卖铲子的。有一点不可否认,手机之所以如此普及,尤其是年轻人几乎人手一机,短信服务可谓是功不可没。如果没有短信这一廉价又便捷的服务,手机恐怕很难在如此短暂的时间之内达到今天这样的普及程度。

于是，一部手机的短信功能是否强大就成了手机制造商促销的重要砝码，除了普通的短信功能外，生产厂商还加入了玩游戏、看新闻、移动QQ等各种名目繁多的短信功能来招揽顾客。对于新兴的多媒体短信，重量级终端厂商更纷纷使出了看家本领，集中最优秀的研发人员，进行手机相关功能的开发和支持。可见，短信之于手机是多么重要。目前在国内手机市场中占有份额排在首位的诺基亚早在2003年底就宣布旗下的手机将100%支持MMS（多媒体信息服务），摩托罗拉随后也宣布所有新手机都支持MMS功能。

中国移动和中国联通都推出了带有动画、音乐的手机短信，这必将对短信发送量起到极大的提升作用。而基于GPRS的MMS的推出更带来了国内电信市场移动数据业务的新高潮。

目前，手机厂商之间的竞争已经进入酣战状态。国内厂商和国外厂商分为两大阵营，八仙过海各显神通，都要在移动通讯市场上分一杯羹。国外厂商凭借着雄厚的资金实力和先进的技术以及优美的外观，在市场上占有的份额一直居高不下。其中最具代表性的当属来自芬兰的诺基亚，主打低端市场的诺基亚已经连续几年端坐国内手机市场的头把交椅。而国内厂商也不甘示弱，在众多国际巨头的夹击中，依然保持着旺盛的发展势头。除了波导、厦新等已经有一定口碑的厂家之外，海尔、联想等企业也进入手机市场，且来势汹汹。虽然与跨国公司相比，国内厂商在技术上没有优势，但低廉的价格却吸引了不少顾客，而且国内手机生产厂商采用的大多是日本、韩国的技术，日韩的手机外形时尚美观，而且两国的手机短信服务蓬勃发展，与欧美手机品牌相比，丝毫不逊色。再加上注重手机娱乐功能的开发,颇受年轻人的青睐。

不管是国内还是国外的手机厂商们都在忙不迭地推出新款手机,希望借助手机的新功能和靓丽外形掀起一轮又一轮换机高潮。在功能方面,短信成了众多厂商的必争之地。早在2002年的中国国际通信设备技术展览会上,彩信手机和拍照手机成为最引人注目的手机,各大厂商都展出了将要上市和刚刚上市的最新手机,竭力推广自己的产品。这些手机无一例外均能够发送和接收彩信。譬如,当时诺基亚推出了主要以7650为首的"彩信军团",诺基亚7650具有革命性多媒体通信功能,是诺基亚首款支持数字相机的手机,它拥有一个内置的可存储数字照片的电子相册和彩色显示屏。用户可以通过其多媒体信息功能实现图像、音频和文本的综合服务,定制和分享属于自己的个性化体验。借助多媒体信息功能,诺基亚7650带来了一种全新的、更加丰富的移动信息媒体,这也标志着移动通信的又一个突破性发展。今天,国内MMS市场上供用户选择使用的支持彩信业务的手机已经形成了庞大的彩屏手机军团,彩信业务也成为中国移动和中国联通的一项重要业务。

据有关人士分析,今后几年里全球的MMS手机市场还将继续扩大,在手机市场中占的份额也会不断提高,并逐渐替代传统的只能发送SMS的手机。纵观全球MMS手机市场的发展,归根结底,其根本的推动因素就是MMS业务的推广,具体而言包括运营商的市场促销策略、手机厂商的推广策略、MMS提供的服务内容的丰富性、用户的换机需求等。MMS业务的普及使得手机生产商看到了又一块大蛋糕,也成为推动手机市场扩大的原动力。可以预想到在MMS服务的普及过程中,相当一部分的手机用户都要更换原有的手机。

MMS手机对手机市场产生了很大影响，要发送彩信，手机需要具备最基本的几项条件，比如手机必须是彩屏手机，最好有拍照功能，这样才能随时把良辰美景传送给亲朋好友。于是，彩屏、MMS成为高档手机的必要因素，现在已经很少有人购买非彩屏的手机了。而且，除了彩屏和彩信业务，手机厂商赋予了手机更多的娱乐功能，这也成为顾客选择手机的重要依据。

但还有一些阻碍MMS手机成为主流市场的因素。首先是MMS手机定价偏高，其次是现阶段，用户对于MMS服务的需求远远没有SMS高，很多人的手机虽然有发送和接收彩信的功能，但很少用，所以很多人也并不知道如何操作和运用彩信功能。因此，目前使用MMS服务的大多是中学生和大学生，相对来说，他们的时间不那么紧张，有大把的时间去琢磨手机的新功能；他们接受新鲜事物的速度很快，对于很多人都还陌生的MMS，他们很快就可以驾轻就熟，并把发送MMS当成自己表达感情的一种方式。

虽然有一些制约MMS业务发展的因素，但手机生产商并没有气馁，很快制定了下一步的目标。具有MMS功能的手机定价偏高，生产商就通过各种各样的办法将生产成本降下来，比如说虽然是彩屏，屏幕的色彩分辨率可以低一些，同样可以拍照，像素可以不要那么高，或者干脆不要拍照功能，网上漂亮的图片比比皆是。做出这样的调整之后出现了一大批中低档的MMS手机，当然这一市场的扩大经历了一个并不算短的酝酿过程。索尼爱立信、诺基亚等国外手机厂商都调整了自己的策略，在MMS手机市场上有了出色的表现。

2002年，支持彩信业务的手机芯片设计核心技术，只有摩托罗拉、诺基亚等欧美企业掌握，因此在MMS手机市场上国外手机厂商始终占据着主导地位，同时也是积极的推广者。当时在全世界手机市场份额排名第二的诺基亚表示，他们将大举进攻MMS手机市场，准备让彩信手机在其手机产品中占较大的比例，而且并不局限于高档手机，还要开发大量中低档等不同档次的MMS手机。诺基亚果然说到做到，目前的手机市场上，我们已经可以见到很多价格便宜的诺基亚MMS手机和拍照手机。韩日手机厂商也以MMS手机作为进入中国手机市场的切入点，扩大自己在中国的影响力，而且这也是韩日手机厂商的强项。鉴于在本国的运作经验，韩日的手机厂商主要采取与中国的运营商合作的方式，通过运营商来推广他们的MMS手机。对于迟一步进入国内市场的韩日手机制造商来说，这未尝不是一个很好的策略。

在国外厂商纷纷推出MMS、带摄像功能的手机的时候，国内手机厂商由于缺乏自主开发的核心技术，在MMS手机的研发上与国外厂商还有一定的差距，因此，国内厂商推出MMS手机的时间要比国外的手机厂商晚很多。在MMS手机刚刚上市的时候，以TCL和波导为代表的国内手机厂商就已经公开宣称要等到MMS手机市场前景很明朗之后，才会大规模地进入MMS手机市场，在此之前的一段时间内，会保持低调。正是由于这样的策略，在目前的MMS手机市场上的主流依然是国外品牌，虽然国内厂商也在奋起直追，但无论从功能还是价格上都没有优势。

目前中国的手机市场紧跟全球市场形势，呈现出与时俱进的局面，随着中国移动的彩信、中国联通的彩e等业务的推出，MMS手机已经成为移动运营商眼中新的增长点。只要你到手机柜台前转一转就会发现，可供选择的彩屏手机非常多。还记得，中国移动的彩信业务刚刚推出的时候，由于当时市面上支持彩信的手机只有四五种，而彩信业务对于手机一族又是非常有诱惑力的，于是当时市面上销售的彩信手机出现了供不应求的局面，中国移动的业务拓展也受到了很大影响。当时中国移动还表示担忧，不知下一年终端厂商投放市场的彩信手机有多少，是否能满足百万彩信用户的需求。

随着市场上出现的索尼爱立信T68ie、诺基亚7650和松下GD88得到用户的广泛认可，销售额直线上升，中国移动已经没有任何后顾之忧，手机厂商则准备趁此东风，大力进军MMS手机。有了移动运营商的支持，手机厂商就可以无所顾忌、放心大胆地开发和生产彩信手机了。

彩信手机刚刚上市的时候，价格大多在4000~5000元。价格抬高了消费者使用彩信服务的门槛，那时候，手拿一款彩屏手机，会引来很多人羡慕的眼光。较高的价格阻碍了消费者购买彩信手机，为此，中国移动刚推出彩信业务时，采取了与手机终端厂商进行捆绑销售的手段。2003年，中国移动为了迅速扩大用户规模以及与中国联通的彩e对抗，采取了部分统购方式，主要结合大客户采购、用户积分计划以及老客户换机省费用等手段来实施。在采购的彩信手机档次上，中国移动考虑到了多层面的产品，譬如逐步放弃价格高昂的摄像头手机，采用成本较低的不带摄像头的彩信手机，目前市场上2000元以下的彩信手机也不少，这也为彩信业务的开展提供了物质基础。中国移动认为，有摄像头的彩信手机在业务初期对消费者有足够的吸引力，但今后摄像头不是彩信手机的唯一发展方向，彩信的传输和发送才是彩信手机的主要方向。

拇指经济影响了手机制造商，短信成了他们促销的砝码，于是他们又以玩游戏、看新闻、移动QQ之类的旗号来招徕客户。作为为短信服务提供物质基础的手机制造商，从某种程度上是拇指经济中的始作俑者，因为再优秀的服务，如果没有相关的技术作为支持也只能是空中楼阁，无法实现。当然，移动运营商也是功不可没，在短信经济中，移动运营商所扮演的角色和所起的作用往往远远超出了移动运营商本身的功能。

第二节　绝对主角——移动运营商

谁都没有想到，短信会成为电信和网络服务商的一个新的增值点。这一在呼机时代笨拙的留言功能，随着手机的出现和GSM的发展，以及互联网络服务商的介入，而在2001年迅速膨胀起来。作为移动通讯的一项增值业务，小小的短信息成了一座“大金矿”。

“手机不再仅仅用来打电话”、“帅哥和MM聊天动手不动口”……类似的日常生活场景正被越来越多的人所接受，手机短信息已经渗透社会生活的各个角落。

专业分析人士认为，短信息将携带一个完整的商业生态进入3G时代，无线互联已露出金山一角，短信息只不过是金山透射出的一抹光辉。而电信网间及时互联互通，是电信市场有效竞争、电信资源有效利用的基础。了这个基础，电信经营商和网络经营商才能真正实现“双赢”。

业内普遍承认，短信的成功最根本的一点，就是其运营模式的成功选择。

在短信业务开通的初期，需要交纳10元的月租费，没有中文输入法，还必须到营业厅开办业务，门槛虽不算高，但是很麻烦，把很多根本还不了解短信是什么的用户都挡在了门外。

在短信业务发展上，首先拿出范例的国家是日本。1999年2月，日本Do-CoMo从它的母公司日本NTT脱离了出来。公司领导人决定创立一种新的移动通信模式。Do-CoMo决定使用基于HTML的技术，推出新的移动通信模式———I-mode。与互联网联姻的I-mode开放了技术平台，与内容提供商合作开发，以期达到共赢的结果。很快，这一全新模式就显示出其惊人的市场号召力，让通讯公司的老总都惊愕不已。

2000年末，中国移动推出与I-mode模式类似的“移动梦网计划”，与网站等内容提供商按15：85的比例分成，迅速广泛激起网站的热情。数百个营业性网站几乎同时做起了短信的生意，并不断涌现新的创意。发送短信，成为一种好玩、便捷、廉价的新时尚。2001年初，中国移动又取消了点对点短信的月租，无需申请就能尝试使用。很快，短信开始为人们所熟悉，市场也被迅速启动。

一位网站负责人认为，短信市场是伴随着中国移动“移动梦网计划”的成功而快速增长起来的。中国移动采用了一种类似“粗粮细做”的思路，在短信之上捆绑了游戏、资讯等各种增值服务内容，并亲手培养了一批服务提供商和自己一道把小小的短信做成了一个大产业。在这样一种好的商业模式、成熟的收费模式以及透明的利润分成政策下，短信市场没有理由不继续高速扩张。因此，他认为，手机短信今天的奇迹，还只是明天的冰山一角而已，更大的成功还在后面，可谓是潜力无穷。

没有多少手机用户会在意一条短信一毛钱的支出，而且手机短信所承载的，也远非通话所能够达到的效果。一条短信息寥寥数语，或许能够将你逗得捧腹大笑，或许款款深情尽在其中，而你也不必再成天设计爱的开场白。可以说，手机短信之所以能够以星火燎原之势迅速普及开来，并成为电信和网络服务商的一个新的利润增长点，与短信带给人们的生活乐趣是密不可分的。

而就在短信族群乐滋滋地享受着短信带来的乐趣的那一瞬间，营运商也正乐滋滋地数着通过电话记账程序进入囊中的短信资费。通过与电信经营商合作，提供下载和发送短信服务，用户无怨无悔地接受，经营商也可以不受批评就轻松惬意地坐享其成。于是，就在微不足道的一个个一毛钱中，白花花的银子源源不断地滚进了电信和网络服务商的囊中。

短信带来的利润增值是显而易见的。在信息产业部电信研究院通信信息研究所于2004年8月推出的《2004年中国电信行业发展报告》中，我们可以看到这样的数据：在传统语音业务增幅下降的情况下，以短信为主的数据业务仍然以每年100%的速度增长。据信息产业部相关人士透露，我国2004年的短信发送量将会达到5500亿条左右。

中国移动是这股短信浪潮的最先受惠者。因为看好短信市场的巨大潜力，同时也为了给短信服务提供更好的内容和应用，2000年12月1日，中国移动推出的面向互联网站的“移动梦网计划”，向ICP（互联网内容提供商）、SP（服务提供商）等服务商提供WAP、SMS平台，突破了传统移动通讯价值链中的单一角色，将本身定位在移动入口网站和移动网络供应商的角色，作为连接各SP与用户之间的枢纽，并采用代收费用模式，首次在中国结成了网站与运营商之间的经济共同体。经过几年的发展，移动梦网已经有包含腾讯、搜狐、新浪、网易、TOM等ICP及SP共500多家，构筑起了规模庞大的开放式短信平台。这些ICP成为真正的电信增值业务的开创者与运营者，而且大部分增值业务依托于短信，如移动QQ、移动大富翁、移动非常男女、新闻订制、邮件提醒、短信传情、短信点歌、铃声与图片下载、笑话与游戏等。随着“移动梦网计划”的实施，短信服务宛若一夜春风，迅速蔓延到了中国移动梦网所覆盖的各个角落。

目前，中国移动的主要客户分为三类：年轻人、商务人士和企业用户。与众多ICP开展的“移动梦网计划”更加速了短信业务的推广。中国移动称，“移动梦网计划”最初的核心是短信息服务，让短信息创造价值。

事实证明，资源共享、利益共享和品牌共享的移动梦网商业模式是卓有成效的。在不到一年的时间里，新浪、搜狐、网易三大门户竞逐手机短信定制。用手机短信申购腾讯的QQ号码、手机查询个人通讯录，腾讯、清华深讯、灵通等无线数据SP开始获益。旦贴上了移动“招牌”，一些过去从未在内容上收到过一分钱的ICP从移动公司手中拿到了第一笔收入，无数的网络企业在移动梦网的短信平台上看到了赢利的曙光。在实际收益上，据腾讯方面透露，每月总收入500万元中移动QQ一项就占到了5成左右。

目前移动梦网的内容提供商正从游戏娱乐性向企业应用性转变，例如和中国银行合作，实现手机划账、小额支付、信用卡划账通知等服务功能；和外事办、公安局合作，实现通过短信息及时通知用户的签证信息；和证券公司合作，实现股票成交回报，以及为众多企业实现集团内部人员之间的实时联系等。可以预见，在今后几年的时间里，企业应用将成为新业务的一个发展方向。

2001年8月，中国联通也开始推动其“联通在信”移动数据服务，来吸引移动梦网中主要的SP加入。SP合作伙伴包括新浪、声讯通、搜狐、证券之星、腾讯、网易、东方网等，提供短信附加服务的内容与移动梦网相似，包含资讯类、个人资讯管理类、交易类、娱乐类、行业应用类等。

至此，中国移动和中国联通这两个中国移动通讯领域的巨头，以提供短信服务为主，仿效I-mode的经营模式，与ICP、SP、Internet等服务商采取拆账合作的经营方式，正式与经济生活中的各种事务巧妙地结合在一起。这种结合既丰富了短信的内容，也因其种种便利而赢得巨大的市场和商机，不但营造出了系统服务商、内容服务商、消费者三赢的局面，而且正式宣告中国的移动通讯服务迈出了转型的第一步。

现在，短信服务已经成为电信经营商和网络服务商之间的一座桥梁。电信经营商缺少的是信息，网站缺少的是收费模式。两者结合在一起，真可谓是珠联璧合。短信是个大蛋糕，要想多吃蛋糕只有将蛋糕做大。而要将蛋糕做大，谁也离不开谁。中国移动的高层人士曾坦诚地表示："没有ICP的合作，我们的网络将没有任何价值。"

如果说手机短信息已成为新的利润增长点，那么，高速增长的手机用户则为短信产业创造了无限商机。我国拥有庞大的手机用户群，早在2001年8月14日，信息产业部正式对外宣布，中国手机用户在2001年7月底达到了1.206亿户，已经超过美国，居世界第一。并且在接下来的5年时间里，我国手机用户总数将突破3亿大关，成为全球最大的短信市场。

据Strategies-Group对中国移动通讯用户的调查结果表明，预计2000~2007年间，中国的手机用户将以年复合成长率21.6%的速度增长，到2007年，中国的手机用户数将达到3.34亿户，其中2G用户占82%的比例，2.5G/3G用户占18%。这个数据与信息产业部宣布到2007年中国手机用户突破3亿大关基本吻合。届时,以每个手机用户每年在短信方面的平均支出,为西欧手机用户在短信方面的支出的10%来计,为4.95美元,约合人民币40元,中国短信市场的业务量将达到100多亿元人民币。尽管这只是个推测,但每年40元的短信费用,对手机用户来说实在不算多,何况那还是2007年后的事。

中国移动并没有满足于现状,为了促进短信业务的进一步发展,同时针对经常使用短信的人群中学生数量居多的现象,于2002年年底推出了“动感地带”。“动感地带”主要针对学生,他们的收入比较低,手机主要是用来发短信,因此“动感地带”推出了学生套餐,即20元发300条短信,30元发500条短信。“动感地带”的口号就是:“想要更自由,想要更新奇,还是想要更多的未知?拿起你的手机,跟我来,一起冲进‘动感地带’(M-ZONE)。在这里我们说了算,我的地盘,听我的。”学生套餐的宣传语是:“在这里,你永远是花季的主角!”学生套餐是专为以学校为大本营的学生特制的。它有不同标准的短信包月服务,超值优惠,让学生轻松体验短信沟通的乐趣。它设计的校园计划、熄灯计划、假日计划、学生聊天计划等更是符合学生的需要。“占尽天时地利,享尽超值优惠,就在‘动感地带’”这样的口号也非常符合时下学生的想法和追求。

“动感地带”推出的时候在全国各地的大学都进行了宣传活动,并走进校园为学生服务,使得“动感地带”在很短的时间内就获得了很高的认知度。继“学生套餐”之后,“动感地带”又推出了“娱乐套餐”、“时尚办公套餐”,效果都非常好。“娱乐套餐”的宣传语是:“想秀出个性?别再跟头发、衣服较劲啦!这里的娱乐通讯套餐让你像哈利·波特一样自在多变,不仅有十足优惠的短信套餐、彩信计划,还有让你心动不已的移动QQ计划、聊天计划、周末假日计划。只要你是手机大玩家,任你什么样的个性,总能在这里找到自己想要的。”“时尚办公套餐”的宣传语是:“天天三点一线的生活,不抽空儿找个乐还怎么活?这里的时尚办公套餐,网罗了当今最流行的移动通讯方式,推出短信套餐、语音计划、GPRS时尚计划、聊天计划、IP长途计划、工作漫游计划等丰富业务,让你尽享移动通讯的快乐与精彩。”不得不承认,中国移动在短信业务的推广方面不遗余力,促进了短信业务发展的同时,口袋里的金子也是飞速地增长。

在目前形势下,从短信发送数量、用户的使用规模以及未来新服务的替代上分析,在未来两三年的时间内,短信依然是通信市场主要的增值服务,其市场前景必然光明。而且,各种基于短信的服务种类还在继续增加,已经开通的各种基于短信的服务也在蓬勃发展。

比如说中国移动与各种媒体之间的合作,前不久,北京音乐台中国歌曲排行榜与听众互动的短信平台就因为发短信参与节目的听众太多,出现了短信平台崩溃的现象,可见用短信这一沟通方式多么深得人心。在短信之前,这种媒体与观众的交流大都是以信件或打电话的方式进行的,我们经常可以看到“预测比赛结果,请打168******”的字样,这种收费电话一次费用通常在3元至5元不等,对于普通百姓来说,不能不说是一种奢侈。而传统的信件速度又太慢。有了短信之后,一切问题迎刃而解,很多媒体都与移动和联通合作开

辟了短信平台，只要动一动手指，你的意见很快就可以传递出去，既方便又快捷。不管是电台还是电视台，都有很多栏目开辟了短信平台。这种服务为媒体带来了方便，也为移动运营商带来了丰厚的利润。

在短信经济产业链中，移动运营商可以说是绝对的主角，如果没有“移动梦网”这样成功且成熟的商业模式，很难想象短信经济可以在短短几年里达到今天的规模。当然，移动运营商的腰包也迅速膨胀。

第三节 救命稻草——网络服务提供商

在经历了20世纪末一阵热闹的创业之后，国内的IT界也进入了漫长的冬季，小网站纷纷倒闭，几大门户网站在纳斯达克的股价也一直在走下坡路。曾几何时，人人羡慕的IT业在拂去表面的一层泡沫后，一蹶不振。

随着2003年“非典”的消退，国内三大门户网站也迎来了纳斯达克跳水以来最辉煌的战绩。根据2003年三大门户季度财报，各家网站的营业收入规模都达到了1500万美元左右，不仅远远告别了烧钱时期的严重亏损，而且都有了从300多万到800多万美元不等的赢利，其中两家公司的市值超过了10亿美元，网易股票的市盈率更达到500多倍的危险高度。中国互联网三大门户网站开始峰回路转，网易和搜狐已实现盈利，成为萧条的纳斯达克股市上一道罕见的、亮丽的风景线。

2000年，当中国移动提出“移动梦网计划”时，恰逢互联网业泡沫散去，众多门户网站积累了大量信息资源，却找不到新的赢利模式。短信一出现，寒冬中的互联网企业像是抓住救命稻草一样。更何况，中国移动通信推出的计划中的分成模式非常诱人，国内数百家门户网站等服务提供商当然热烈响应。当张朝阳率先为短信摇旗呐喊的时候，他怎么也没想到，短信经济在国内的“井喷”竟然拯救了当时还在纳斯达克生死线上苦苦挣扎的三个“弃儿”，虽然他当时也期望短信能为当时的搜狐带来一点营收。互联网和传统电信的融合使得China.com率先成为开发电信数据业务的突破口之一。而与此同时，20世纪七八十年代出生的打着“简单享乐主义”旗号的时尚青年成了.com赢利的最大贡献力量。

据统计，目前网易、新浪、搜狐和TOM四家门户网站的短信收入就占到整个SP市场份额的80%。2002年三大门户网站第三季度财报，网易收入总额较上一季度增长了93%，其中非广告收入占了85%，比上季度增长111%；新浪净营收额为1030万美元，净亏损额较上一季度减少了70%，历史上首次实现赢利；搜狐更以11.2万美元的赢利宣布公司已经步入全面赢利阶段。各网站财报共同显示，以短信为主的非广告业务收入在这些网站总收入中的份额不断增加，非广告业务收入分别已经占新浪、搜狐、网易总收入的30%、40%和50%。

今天恐怕没有几个人会说：“我从来没有发过短信。”这个奇怪的拇指经济现象不但在影响着我们的生活，也在刺激着纳斯达克的中国概念股不断攀升，这样的情况几乎从未发生过。新浪、搜狐、网易三大代表在所谓的“拇指运动”中收获颇丰。据网易公布的2002年财务报告显示，其8310万人民币（1000万美元）收入的主要增长点是在线游戏，同时包括无线短信服务，其次为其他的在线收费服务，如收费邮箱、交友中心和同城约会。交友中心和同城约会也是网易主推的短信产品。网易是三大门户中第一家宣布扭亏为盈的公司，它在2002年4~6月份保持了4600美元的利润。投资者对中国三大门户的成绩给予了积极的回应，从而推动了China.com公司股价的上扬。2002年，网易是纳斯达克的最大赢家，其股价上涨了1661.5%，从2001年10月的最低点每股69美分涨到每股11.45美元。搜狐是纳斯达克第五大赢家，其股票价格上升了433.3%，达到每股6.4美元。而2002年4月时，该公司的股票价还曾一度以每股87美分的低价进行交易。新浪股票价格则从2002年4月份的每股1.4美元的低价跃升到上周中期的每股8.43美元。

在搜狐推出的“手机时尚之旅”活动中，张朝阳高呼着“我爱信骚扰”从北京直奔全国六大城市，途中只凭短信来与外界沟通联络。俗话说“商人无利不起早”，贵为海外上市公司CEO的张朝阳之所以亲自走遍大江南北为短信呐喊，是因为短信的经济意义不言而喻。在2002年年底的北京互联网发展论坛上，新浪、搜狐、TOM三大门户网站掌门人不约而同地表示，短信服务是收入增长的重要部分。

据统计，世界杯期间，中国移动手机短信订户数为25万户，实际上共有160万手机用户参与到各类移动数据业务中，一个月期间手机短信的发送量超过了4000万条。其中世界杯期间北京网内短消息的发送量是平时的4倍，峰值是平时的9倍。

在“移动梦网＋世界杯”这个运作成功的商业模式中，以手机短信为代表的移动数据业务发展迅猛。而除了中国移动外，最大的受益者就是各类内容提供商。据统计，在目前已与中国移动签约合作的300多家SP中，已成规模的SP大约有15家，占签约总数的4%，但其收入却占总收入的80%。其中信息费分成月收入超过100万元的有10家，超过500万元的有5家。

世界杯期间的短信效应充分说明了短信对于网站是多么重要。网站靠短信赢利并不单纯依靠自己的力量，如果没有与移动和联通等通讯公司之间成熟的运营模式，恐怕很难有今天的成果。

业内人士分析，是移动梦网救了ICP。在四大门户的收入中，短信、下载铃声和图片等的收入都占到相当大的比例，其中网易在该部分的收入已超过其整体收入的40%。门户网站终于摆脱靠烧钱吸引注意力、从而招揽广告的单一经营模式。在告别“烧钱时代”的过程中，门户网站更多的体会是，先要用应用与服务把网站的免费用户变为收费客户，再以收费客户为核心开发多种多样的收费应用，拓展收入种类和现金流。

新浪网无线部的总监吴峰也有同感。他表示，新浪的短信业务是挂靠移动运营商，网站往往是依靠运营商的用户来开展业务，运营商也确实为网站提供了机会。当然，更确切地说，网站同运营商两者是互补的关系，网络加快短信息的传播速度，丰富了短信息的应用内容，推动了移动短信业务的发展；由移动运营商提供平台的短信息业务则吸引了更多的用户，提高了网站的浏览人数，给网站带来更多的收入。在85∶15的分账模式敲定之后，全国的营业性网站似乎一夜之间全都做起了短信业务。

但是，有人说，2003年是短信发展的回落时期，如果移动运营商降低手机话费，短信将逐渐退出人们的生活。对此，网站的工作人员纷纷表示，作为网站，依靠的不仅仅是单条发送“自写的短信”，而是如订阅、下载、交友、游戏等更多的业务，这些对于网友来说，都是非常有诱惑力的。如果话费降低，短信可能减少，但前景还是比较乐观。因为在本身的市场结构中，SP和运营商都保持一个很好的合作关系，彼此也在共同成长，互惠互利。短信少了，还有彩信、铃声等。在整个环节中，网站还是有其存在的价值的，因为SP的存在，移动运营商才会有这么多的用户。几大门户网站的无线部门的规模都在逐渐扩大，比如新浪网的短信收入多靠订阅下载和游戏交友，两大类各占50%。无线部的收入占整个新浪业务收入的一半以上，超过了广告的收入。短信还在不断发展，虽然短信成长的一个高峰已经到来，但还是会有一个长足的进步，还有下一步的高潮。

面对几乎是全线亏损的网络公司来说，谁都不知道真正的获利模式是什么。网站流量大得惊人，却不能从网民那儿收到费用，最被看好的网络广告也只是杯水车薪，解决不了实际问题。网站不得不多方寻找获利的突破口，于是个人主页收费了，电子信箱也收费了，收费的结果是钱还没到手就闹了个沸沸扬扬，招致网民的一致讨伐。在这种情况下，无可非议的短信下载和发送服务，无疑成为网站的救命稻草。

第四节　短信——商机无限

短信的发展历程绝对是一个奇迹，一毛钱一条的短信能形成上百亿元的产值，靠的就是数量和规模。从2002年至今，整个短信市场都在以30%以上的超高速度增长，一个市场规模超过千亿元的大产业也迅速形成。

尽管手机在行业运用上的前景十分乐观，但一个行业的发展必将经历起始期、发展期和成熟期。经过近几年的市场培育，目前使用短信的移动用户占用户总数的70%以上，业务的使用率已经达到了较高的水平，短信市场已步入了成熟期，因而难以出现类似前两年“爆炸性”增长的态势。而且，目前国内的手机用户约有4.26亿，市场已经趋于饱和，在未来几年很难有大幅度增长，而手机语言话费的不断降价是必然之趋势，只是时间早晚的问题。这些因素对短信业务的发展都将产生不利影响，短信原有的价格优势将逐渐减弱甚至消失。业内专家预测：如果手机仍然以个人业务为主，那么目前的发展势头只能维持一两年。

短信业务的迅速发展看似偶然，其实有其必然性。因为与其他新兴的移动数据业务相比，短信是第一个没有终端门槛的数据增值业务。目前，在全国4亿多手机用户中，几乎99%的手机具有短信功能，这使得短信业务能迅速形成规模效应。而且，短信业务具有与话音业务类似的能够满足人们基本信息通信需求的特征。经过近几年的市场培育，短信已经成为话音业务之外手机用户首选的信息通信方式。对于一个手机用户而言，他不见得使用手机上网、手机游戏和手机支付等业务，但他却会通过短信与其他人进行信息沟通。而这种普遍需求的存在，决定了短信将成为手机用户广泛和长久使用的信息通信方式。短信产业在未来的一两年内将进入一个相对平稳的发展阶段，并在相当长的时间内继续成为移动运营商的利润增长点。

目前短信应用主要集中在以移动QQ、图片和铃声下载、短信游戏为主的个人通信和娱乐应用方面，这个市场已经开发得比较充分，继续发展下去的空间相对较小，缺乏持续增

每一条短信都饱含着利润。

长的动力。众多SP挤在为数不多的“独木桥”上，同质化的现象自然不可避免，这也严重地阻碍了整个行业的健康发展。短信内容同质化的直接后果是SP的服务质量下降。为此，不少SP并没有从千方百计改进服务质量入手，而是以不正规的手段诱使用户更多地使用短信业务，迫使运营商不断出台新规则以规范市场。短信市场的健康发展不能靠短期行为，而是需要各个环节齐心协力共同培育、开发一个规范的市场。

要打破现有短信市场的僵局，就必须突破短信的应用层面，寻求创新的增长点，而广阔的行业信息化市场正是这样一个领域。短信的行业应用具有巨大的市场空间、不同层次的需求、不同的行业特点，为众多SP提供了诱人的市场机遇。中国移动从2002年开始就积极进行这方面的尝试，经过两年时间的积累和准备，运营商联合设备制造商、内容提供商和系统集成商在短信行业应用方面获得突破，相继在政府、金融、海关、公安、教育、税务和物流等行业生根发芽，获得令人瞩目的成果。

短信行业应用的出现，不仅解决了短信行业本身的持续发展问题，同时也解决了现代社会中很多烦琐的问题，方便了人们的生活和工作。在金融领域，用户通过手机短信可以方便快捷地了解到个人账户收支情况以及各项收费信息，并可以通过发送特定的指令到特定的号码，实现快捷安全的自动缴费。在教育领域，家长利用手机方便地获取校方信息，老师可发布学校公告、班级通知、每天的作业、学习成绩以及给家长和学生的留言。各类短信应用平台为老师和家长提供了一种全新的交流模式，也成为学校与家长沟通的最佳信息平台。在公安领域，很多城市实现了以短信的方式通知违章司机的违章记录，更多的短信应用系统实现了事故处理、报警触发、罚款支付、抓在逃犯等功能。在海关领域，工作人员只要通过手机短信就可以签发货物通关的相关手续，在一定程度上减缓了海关部门传统工作程序的烦琐，节约了工作时间，并提高了工作的时效性。

事实上，短信市场能以每年翻番的速度迅猛增长，正是受益于多元化的行业市场需求和不断细分的行业市场运作。在短信个人用户市场逐渐饱和的今天，短信的行业应用越来越发挥着其他电信业务难以比拟的优势。

单纯从用户角度来说，短信市场可以细分为个人用户和行业用户。从目前的情况来看，短信的个人应用已经得到了充分挖掘，而行业应用则方兴未艾，具有广阔的发展前景。与行业市场紧密结合，在专业信息领域推出权威的短信服务，将是短信行业市场开发的切入口。对于发展行业用户，绝不可以简单套用个人用户市场的经营模式，SP应该针对不同行业的不同特点和不同需求，从行业的信息化改造入手，为行业用户量身定做一整套方便实用的应用内容。

面对行业用户的短信应用模式与面对个人用户最大的不同就是服务对象的变化。相比而言，个人用户存在较多的共性，而行业之间存在明显的差异性。更重要的是，SP的收费对象也从个人手机用户转换为短信平台的使用方。服务对象的变化直接导致商业模式产生的变化。如果说，SP对个人用户是以收取信息费为主的话，那么SP对行业用户将主要是提供各种应用解决方案，并参与设计和搭建短信平台，由此获得较多的回报。

运营商在短信行业应用中发挥了重要的引导作用，他们积极为企业提供解决方案，目的在于通过此种方式稳定行业用户。事实上，运营商只在行业应用中收取短信的通信费用，但是由于行业应用所产生的巨大短信流量，运营商也从中获得大量的商业利益。相比个人用户而言，行业用户对于运营商更具商业价值。随着运营商相继成立大客户服务部，其服务能力向企业内部延伸是一种必然趋势。短信的行业应用实现了多方共赢，由此产生的社会价值更是难以估量。

值得注意的是，韩国的无线运营商对短信行业应用并不“感冒”，因为它们的网络已经达到了3G水准，因而行业应用不必拘泥于短信形式，而是采用更加直观方便的移动互联网。不可否认，到了3G时代，移动互联网所产生的商业模式必然要渗透到千行万户，短信行业应用的结果也必然如同传呼机一样被新技术革命所取代。在这有限的生存周期内，短信行业应用如何发挥最大的效能，产生最大的价值，成为短信产业中最为重要的命题。

从国内的现状来看，手机上网在网络、终端、费用以及使用流程上都有很大的限制，因而移动互联网模式在短时间内无法在手机用户中建立。目前国内手机用户超过3亿，如果手机和小灵通能够实现短信互通，那么短信用户规模将扩展到4亿，其带来的商务价值将远远超过国内7000万上网用户。在手机上网还存在较多缺陷的情况下，短信必然是行业应用中的主流方式。

面向未来，短信业务拥有广阔的发展空间。在3G商用之后，随着移动数据业务的日趋丰富，尽管短信业务在整个移动数据业务收入中所占的比例会逐步减少，但经过不断的业务创新，短信业务将保持长久

第六章

垃圾湮埋的自由

第一节　都市上空的垃圾

北京勺海市场研究公司一项有关手机短信消费行为的调查显示，使用短信的被访者每天平均发送的短信大约为5.19条，接收的短信息大约为5.32条，来往的短信总量达到10.51条。而短信使用频率最高的年轻群体，每天来往的短信数量则达到24.23条。

如此庞大的短信来往，究竟都在传达什么信息呢？调查显示，在各个网站纷纷抢夺短信实用信息订阅市场的同时，使用短信方式接收股票信息的人却只占被访者的4.6%，接收彩票信息的只占3.1%，而经常用短信接收“黄段子”的人却高达8.7%，在20至25岁这一年轻群落里，这个数字甚至达到14.4%。有51.2%的被访者经常用短信发送一般笑话，60.1%的使用者经常用短信闲聊，而经常用短信进行工作沟通的人只有39.4%。“无聊”的价值，从未像今天这样巨大。

随意问候、闲聊、一般笑话、“黄段子”……每天“飞”在城市上空的短信电波中，一半以上都是这类“无目的”的信息，“无聊”已经成为发送短信的标志性心情。

“注意了，先看看你的左边，再看看你的右边。请小心一个刚溜出来的精神病，他的特征是：拿着手机东张西望。”网易人气排行榜上的这条短信，累计发送总数为719682人次。而这将近72万条短信加起来，意味着将近72000元的短信费。按全国年预期短信量600亿条计算，每一天，我们的城市里都有价值1000多万元的短信在上空穿梭，其中有几百万就这样随着笑话、闲扯等可有可无的无目的信息“无聊”掉了。

为什么垃圾短信会有如此巨大的发送量？一位所谓的拇指族说，自己只在处理不紧要的事情时才会使用短信跟别人商量具体的“事情”，一般情况下都是用来和自己熟悉的朋友闲聊天或者互发笑话来娱乐一把。

这是“拇指一族”的典型心态。一般来说，短信是一种私密性很强的联络方式，从一开始，它就被应用于熟人之间。你很难想象跟一个从未谋面的陌生人用手机谈生意，短信忽略了电话的客套和没有实际意义的寒暄，因此更适合于彼此互相熟悉的朋友。对于不甚熟识的人，一般只有在节日里才会使用短信进行简单的问候，以维系彼此间的联系。而由于短信并非一种直接的即时沟通，因此对于重要或紧急的事情，人们一般也不会选择使用短信。

熟人游戏——短信的这种特性就注定了它在作为人际互动工具时，承载的无用信息必然多于有用信息。

在作为单向信息接收工具时，短信才凸现出它的实用价值。短信是股票信息等随时变化的数据信息的优秀载体，然而调查数据显示，这类信息的使用率比闲聊等互动性的信息要低不止10倍。

这尚属没有伤害性的垃圾，闲聊虽然浪费钱财但不至于让人反感，更不至于伤人害命。而在这漫天飞舞的信息垃圾中，却有这么几类是让人憎恶甚至痛恨的。

首当其冲的是烦人的“苍蝇”——广告短信。类似“本公司生产的××，质量上乘，价格优惠，欢迎来电订购，有意者请拨打电话

139********”这样的短信广告对大多数手机用户来讲，恐怕并不陌生吧。这种恼人的短信广告经常像强盗一样破机而入，完全置手机用户的愤慨于不顾，纯粹是一种霸王广告。无论你愿意与否，只要随机抽中了你，你根本就没有拒绝的可能，在短信铃声肆无忌惮地响起的时候，可怜的你只能像羔羊一样“任人宰割”，被迫接受广告信息。尽管2004年深圳人代会曾有代表提出“规范短信市场，控制随意发送手机短信”的议案，强烈要求有关部门能够切实拿出一些办法，杜绝垃圾短信息的泛滥，还用户的短信控制权。但时至今日，事实证明，短信广告的生意越来越红火，代发短信广告的公司如雨后春笋拔地而起，欣欣向荣。

如今的短信广告可是形形色色，从事违法犯罪活动的“办证广告”（“办证吗？发短信至……”），推销六合彩的短信（“先生：本期的中奖号是××，下期……”）等，样样都有。利用短信发布违法广告已屡见不鲜。并且此类广告的“业务范围”越来越骇人听闻，竟开始销售假钞、迷魂药，甚至可以办假的死亡证明。

> 本公司低价急销走私笔记本电脑、假钞、迷魂药，并代办车牌、上网文凭、发票公章等，联系电话……

> 本公司办理仿真结婚证、离婚证、死亡证明等一切证件，制作精良，联系电话……

别的证件的目的明确，死亡证的用途一般人可不大了解吧。这些办证的人可精着呢。据说，在某些管理混乱的大型单位，亲属可以凭死亡证从“死者”单位领取抚恤金、丧葬费等，而且保证不影响“死者”现有的一切工资、收入！够绝吧！

对于商家而言，短信广告的不可回避，使得它确实比传统媒体广告针对性更强，抵达率也更高，且费用低廉。因此，对于财力有限，无力承担大型广告或电视广告巨额费用的小公司来讲，当然是极好的途径。但正是如此，才使短信广告永远是小本买卖的吆喝场，总难登上大雅之堂，可信度极低。也正是如此，才让短信广告的受众普遍产生反感（制作精美的电视广告、杂志广告还是深受百姓欢迎的），并且这种让人强行接受的方式也往往会引起用户的厌恶。如此恶性循环，短信广告终将难以得到很大的发展。

其次是让人像吃了苍蝇一样恶心的恶意连环短信。

接到此短信请转发给3个男生、3个女生，每人3遍，否则近期将有不顺。

爱＋爱＝非常的爱，爱－爱＝爱的起点，爱×爱＝无限的爱，爱÷爱＝唯一的爱！传给六个人你会得到幸福，如果你要幸福，一定要传！

收到这样的咒语短信，恐怕没有几个人心里会舒服。让人花钱是小事，只是无论转发者或接受者都感觉非常不舒服。这种恶心的恶意连环短信，往往以友情为代价，破坏了朋友间的相互信任。许多人明明知道是骗局，却总是有所顾忌，宁信其有，不得已地转发，在万般无奈中欺骗了别的朋友，心里像吃了苍蝇一样恶心。

当咒语指向的是自己也罢了，不信邪的年轻人往往也一删了之，不以为意。让人无法容忍的是拿自己的亲人开涮。许多朋友在收到此类短信后都怒从心起，脾气火暴些的甚至会将转发的朋友大骂一通。

> 襁褓中的你初次呢喃，她笑。病中的你不停呓语，她痛。成功的你伏她膝头，她已泪流满面。为心爱的她——妈妈祈福，传给五个密友，你的母亲将永远健康幸福。

有些连环短信利用的是人贪小便宜的本性。受害者在害了自己的同时也将朋友拉下水。

> 电信朋友告知：为祝贺2004年短信消费突破50亿，您把此消息传给十位用户，将加上49元话费。我刚试过是真的，快传！试后查费！

有的人把这种恶意连环短信定性为“短信传销”，这种比方真是再恰当不过了。每个转发的人都有“上线”、“下线”，有不得已的，也有存心的，但几乎没人知道最高的领导者、最初的制造者是谁。于是，关于谁是利益的最终拥有者的种种揣测油然而生。最简单的揣测就是电信运营商作为幕后的操纵者是当仁不让的了，具体到实施的人身上，则最有可能是电信的员工或者枪手。除了运营商外，谁还能从这种无聊恶心的游戏中获利呢？这样的短信是以几何概率上升的，以每次需要转发十个人计算，从原始发出到转发到第五层的时候，就会出现$1\times10\times10\times10\times10=10000$个人接收到了短信，也就是说已经发出了一万条短信，以每条一毛计算，也已经产生了一千元的效益。那么，如果有数千名别有用心的人同时不断乱发这样的短信的话，会有怎样的事情发生呢？——产生上亿条短信流量是非常简单的事情，也就是说上千万元人民币的市场在拇指移动间迅速产生，真金白银滚滚流入某些人的腰包。据说移动和联通的老总都纷纷澄清，此等下作之事绝非自己所为。当然，也有心理学专家分析说，这可能是一种恶作剧，那么，到底谁是幕后的黑手呢？恐怕谁也说不清楚了。

最后则是万恶的骗人信息。

相对于恶作剧性质的连环短信，一些中奖短信则是货真价实的诈骗短信，且有不少人上当受害。这样的诈骗短信往往称“你的手机号码是幸运号码，中大奖了”，当用户疑惑地拨打短信中留下的号码时，果然有人跟你说奖品是一台价值多少的手提电脑，但需先交个人所得税才可领到奖品，要求中奖者将税款汇到指定的个人银行账户。

据了解，一个手机短信诈骗团伙一般由团伙头目和3~5名负责发送短信的“小工”组成，大团伙的“小工”数量从十几个到几十个不等。他们的“工作地点”一般是在封闭的套房内，风声紧时就转移到深山里，每天不停地用手机短信群发器（俗称“土炮”），狂发“六合彩透码”、“恭喜您中了大奖”、“出售走私物品”、“代办各种文凭”等虚假信息，然后坐等“愿者上钩”。而这种群发器成本还不到100元，其黑市售价也不过200~300元。一台“土炮”一个小时可发送短信7000多条。2004年7月，公安部破获的特大手机短信诈骗案中，手机短信诈骗集中的福建某县，在短信诈骗高峰期间，以这种方式一天发出的手机短信达上百万条之多，是“全亚洲最繁忙的基站”。如此漫天撒网的方式，即使只有千分之一、万分之一的人上当受骗，也能给犯罪分子带来高回报。一个小学还没毕业的短信诈骗分子龚某在一个月内就骗取手机用户汇款53笔计133067元。嫌疑人张某在被捕后，缴获的手机还响个不停，查封的账号还有人不停地往里面汇钱，警方在他的29个账户中发现汇款多达598笔，金额达170余万元！

说实话，这种伎俩实在谈不上高明，甚至可以说是非常笨拙。可是为什么还会有这么多人上当受骗，甘心一次次地将大笔汇款汇入他人口袋呢？归根结底，无非一个“贪”字。短信诈骗犯罪嫌疑人在口供中愤愤地说：“不贪心的人，想骗也骗不了”，“不是我聪明，而是他们太笨”。其实不在于聪明和笨的问题，而是“贪”与“不贪”的问题。在受骗者之中，既有农民、工人、在校大学生，也有公务员、军人、教授等，受骗的轻重与文化素质的高低没有什么必然的联系。诈骗的金额如此巨大，受害的范围如此之广，或许不能完全责罪于诈骗分子，那些相信“天上会掉馅饼”的爱贪小便宜的人也是罪有应得。

在短信诈骗中还有一个有意思的现象，就是受骗的人之多与举报的人之少成鲜明对比，有些被害者在警方取证、还款时却矢口否认自己受骗。为什么如此多的受害人选择了沉默？道理很显然：心中有鬼。首先，诈骗分子抛出的诱饵是超低价格的走私罚没物品、窃听器、监视器等国家违禁物品，赌博用的“六合彩特码”等，大多数受害人自知理亏，不敢报案；其次，部分受害人有一定的身份和职务，怕丢名誉；再次，部分受害者是挪用公款汇的钱……种种原因，受骗者宁愿自认倒霉，瞒天过海，也不肯引火上身，越搅越乱。

破获短信诈骗并不艰难，治愈贪婪的人性却举步维艰、任重道远。小小的短信搅起如此大波，实在不能不引人深思。

第二节　埋葬自由

手机短信的出现，给予了人们许多自由：情感宣泄的自由、文字创作的自由、交际网络的自由，但是，在不知不觉中，短信也使人们陷入了个体存在的绝对不自由中。手机短信犹如一颗不定时炸弹，随时都有可能爆发。无论是否是手机的拥有者，你都将被卷入这样一个不安宁的世界中。

对于拥有手机的个体而言，越来越多的人患上了不同程度的“短信强迫症”或“短信焦虑症”。短信将人类再次异化了，在“自由”诱饵的诱惑下，人们掉进了另外一个陷阱，陷入了另一种绝对的不自由中。短信是一种不受任何时间、地点、情境约束的随时随地的交流，许多短信“瘾君子”习惯了短信这种交流方式，习惯了随时处于交流或“等候交流”状态。如果长时间没有收到短信，或者在原本应收到短信的时候没有收到短信，就会产生被遗弃、被排斥的受挫感和孤独感，从而焦虑烦躁、坐卧不安，严重的甚至会长时间失眠。个体的神经已经牢牢地被短信所掌控。

即使没有严重到患上所谓的“短信强迫症”或“短信焦虑症”，短信用户的个体的存在自由在一定程度上也被短信剥夺了。人们在将号码告诉别人的同时就出卖了自己的自由。麦克卢汉说道：“电话是时间和空间难以抵抗的入侵者，以致高级行政人员只有在进餐时，才能免除电话铃声的侵扰。”恐怕现在的手机用户就连在就餐，甚至上厕所时都无法避免他人的骚扰了。并且，正如我们在前面所提到的，短信的一大优点是可暂储性。当用户关机或不在服务区时，它可以暂储在短信服务中心，一旦用户开机，便可以收到短信。因此，短信是一种“强迫性”的信息，无论用户愿意与否，用户只能选择是否回信，却无法选择是否接受。可以说，那些不受欢迎的短信，在某种程度上强奸了人们的眼球。

短信：被禁锢的自由

对于身处“手机社会”中的群体而言，短信则宛如一只无法赶走的恼人的绿头苍蝇，烦人的短信“嘀嘀”声无所不在，成为新的噪音污染。每个人在享受自己随时随地交流的自由的同时，都恣意地将身边人的自由剥夺了，整个社会都处于一种相对不自由状态。当前，许多社群、学校都在倡导：在课堂、教室、会议室等公共场合，将手机调到“静音”状态，以免影响他人。而当装有摄像头的手机出现，当多媒体短信开始在都市中逐渐普及开来时，群体的自由遭到了更大的威胁。如果说噪音污染尚能在可接受的范畴内，那么肖像权被随意地侵犯，则是绝对无法容忍的。如今因手机偷拍上告的案例已经屡见不鲜。自由是块有限的面包，你拿得多了，我便吃得少了。个体自由的扩大与群体自由的缩小是手心手背，必然如影随形。

即使是从短信的写作来看，短信的自由也是“短命”的。新鲜过后，习惯于快节奏生活的现代人发现，短信创作只能是学生时代的浪漫。目前短信最大的使用人群，仍然局限于学生或青年群体，而大多数上班族，特别是事务繁忙的“老总们”，是无法忍受摁手机键盘的烦琐，更不屑沉溺于卿卿我我的儿女私情，并且他们无需节省话费，因此对于这些人而言，短信交流只是孩子们的游戏。

因此，为了使人们能够更多、更快地使用短信通讯，各种名目繁多的短信网站应运而生。正如我们前面所谈到的，这些短信网站就像快餐店一样，将各类名言警句、祝语贺词汇集起来，无论对象是谁，父母、亲友、恋人；无论什么时节，生日、节日、纪念日；无论内容是什么，祝福、搞笑、整人，甚至荤段子，应有尽有。在这里，人们不必费脑子去思考，无需用情感去酝酿，只要像挑选商品一样，各取所需。短信在这里，实际上已经成了一种快餐文化，不能说这种在网上拷贝下来的内容一点意义都没有，但是，发送者的诚意和真心，却难免因这机械式的拷贝而大打折扣。久而久之，无论多么美妙的诗句、亲密的话语，或许都会逐渐地苍白惨淡——也许这就是机械复制时代的悲哀吧。我们在拷贝别人的语言的同时就丧失了说话和思维的功能，丧失了自由，丧失了自己。

世上没有绝对的自由，短信究竟是利大于弊，还是弊大于利？短信给中国百姓带来的自由到底有多大的伸缩维度？到目前为止，恐怕没有人能够给予一个确切的定论。应该说，短信方兴未艾，还拥有相当大的生命力和发展前景，现在就对它盖棺定论也为时尚早。那么，就把这个问题留给后来者去评说吧。但是我想有一点是肯定的，就像计算机一样，手机及手机短信确实在很大程度上改变了我们的生活秩序和习惯，给我们带来了一种崭新的交流模式。生活于高新技术日新月异的我们，所能做的和所需做的，兴许也就是享受短信自由而不要陷入其掌控，不要被异化而已。